frontespizi

Maria Maddalena

Atsushi Okada

口絵－1　ティツィアーノ《悔悛のマグダラ》
1530年代初め、フィレンツェ、ピッティ宮、p.iv & p.147

口絵－3　クリヴェッリ《マグダラのマリア》1480年以降、アムステルダム、国立美術館、p.65

口絵－2　ジョット工房《天使たちとの対話》1310年頃、アッシジ、サン・フランチェスコ大聖堂、p.53
口絵－4　作者不詳《マグダラのマリアと聖女キアラのいる聖母子》1336年頃、個人蔵、p.93

口絵－5　ボッティチェッリ《我に触れるな》1491～93年頃、フィラデルフィア、J・G・ジョンソン・コレクション、p.106
口絵－6　アルテミジア・ジェンティレスキ《悔悛のマグダラ》1620年頃、フィレンツェ、ピッティ宮、p.131

口絵－7　レーニ《悔悛のマグダラのマリア》1633年以前、ローマ、コルシーニ美術館、p.165

口絵－8　カニャッチ《天に昇るマグダラ》1640年頃、フィレンツェ、ピッティ宮、p.172
口絵－9　オラツィオ・ジェンティレスキ《悔悛のマグダラ》1625年頃、ウィーン、美術史美術館 p.178

口絵−10　グエルチーノ《マグダラと二人の天使》1622年頃、ローマ、ヴァティカン美術館、p.186

口絵－11　ボスキ《マグダラの悔悛》1640年頃、フィレンツェ、ピッティ宮、p.189
口絵－12　カニャッチ《マグダラの回心》1650年代、パサデナ、ノートン・スミス美術館、p.192

中公新書 1781

岡田温司著

マグダラのマリア

エロスとアガペーの聖女

中央公論新社刊

はじめに――両義的なる存在

対照的な二枚の絵の比較から、わたしたちの話をはじめよう。一枚は、ローマのドリア＝パンフィーリ美術館にある《悔悛《かいしゅん》のマグダラ》（一五九六〜九七年／PRE―1）、そしてもう一枚は、複数のコピーの伝わる同じく《悔悛のマグダラ》（一六〇六年頃、ローマ、個人蔵／PRE―2）、どちらも、初期バロックのイタリアを代表する画家カラヴァッジョ（一五七三〜一六一〇年）によって描かれた作品である。

最初の絵では、まだあどけなさの残る少女がうなだれて、なにやら物思いに沈んでいる様子。二枚目は、それと打って変わって、肩もあらわな成熟した女性が、うっとりと恍惚《こうこつ》感に浸っているといった風情である。これほどまでかけ離れたイメージが同じひとりの聖女の悔悛の瞬間を表わしている、というのは本当だろうか。二枚の絵をもう少しよく見てみよう。

低い椅子にちょこんと腰をかけた少女は、おそらくローマの街中から画家が見つけてきたお好みのモデルで、彼女は画家のためにポーズをとっているのだろう。市井の素人モデルをアトリエに連れ込んで、まるで活人画（タブロー・ヴィヴァン）のように、聖なる物語や人

PRE—1
カラヴァッジョ
《悔悛のマグダラ》
（1596～97年）

物のポーズをとらせ、何の下準備もなしに直《じか》にこれをカンヴァスにおさめるというのは、カラヴァッジョお得意の手法であった。床には、地上の富とその空《むな》しさ（ヴァニタス）を暗示する、真珠や金など宝石類（腕輪、首飾り、ピアスなど）が転がっている。真珠はまた、彼女が流す涙の粒でもある。うなだれたその目からは、一粒の涙がこぼれている。少女の耳にはかすかにピアスの穴が開いていて、これらの宝石が、彼女の身につけていたものであることが暗示される。ガラス壺の水は、純潔性を表わすときによく使われてきた象徴である。ほとんど床に届きそうなその姿勢は、一四世紀に流行した《謙譲の聖母》の図像すら想起させる。わたしたちは今、虚飾を捨て去って謙

PRE—2
カラヴァッジョ
《悔悛のマグダラ》
(1606年頃)

虚に悔い改めているかのような、そしてどこかメランコリックな少女を目《ま》の当たりにしているのである。
　内省的なこの少女に対して、忘我の状態にあるもうひとりのマグダラは、まるで自分を投げ出すかのように、肩をはだけて上半身を横たえ、かすかに瞳と唇を開いて上方を仰いでいる。頬《ほお》にはやはり一粒の涙が伝わっているが、その恍惚の表情とともに、右肩から胸にかけて垂れ下がる豊かな長髪は、官能的であるとすら言えるだろう。悔悛の少女の髪が背中に隠れているのとは、かなり対照的である。わたしたちはここで、ほぼ半世紀の後、ジャン・ロレンツォ・ベルニーニの有名な彫刻《聖女テレジアの法悦》において頂点に達するような、雄弁でしばしばエロティックですらあるバロック的な法悦表現の誕生のシーンに立ち会っているのである。

ひとりの画家が、一〇年の時もおかずして描いた聖女のイメージに、これほどの隔たりがあるとすれば、作者や時代が異なれば、いったいどれだけの違いが生まれてくることであろうか。両極端ともいえるイメージを残している二つの名高い作品を、ここであえて比較しておこう。ひとつは、フィレンツェの彫刻家ドナテッロ（一三八六～一四六六年）による木彫《マグダラのマリア》（一四五〇年代半ば、フィレンツェ、洗礼堂／PRE—3）、もうひとつは、ヴェネツィアの画家ティツィアーノ（一四九〇頃～一五七六年）による《悔悛のマグダラ》（一五三〇年代初め、フィレンツェ、ピッティ宮／口絵—1）である。

ドナテッロ作品の注文の経緯等について詳しいことはわかってはいないが、現在もそこにあるフィレンツェの洗礼堂にもともとから安置されていたものと考えられる。眼窩《がんか》は大きく窪《くぼ》み、頬はこけ、歯の抜けた痛ましいまでに険しい聖女の表情を、彫刻家は、冷酷ともいえるほど峻厳《しゅんげん》な眼差《まなざ》しでとらえている。膝《ひざ》の下まで長く伸びた髪が、痩《や》せ細った全身を覆《おお》い隠しているが、真横から見るといっそうはっきりとわかるように、身体の線を暗示するものはどこにもない。

これに対して、ティツィアーノの描く聖女は、美しくも健康的なその裸身を、何の屈託も

PRE－3
ドナテッロ
《マグダラのマリア》
（1450年代半ば）

ないような純粋にして穏やかな表情でさらけだし、豊かに波打つ金髪を上半身にまとわりつかせている。マグダラであると言われなければ、ヴィーナスか誰かの異教の女神と見誤るかもしれない。

聖母マリアやエヴァと並んで、マグダラのマリアは、西洋におけるもっともポピュラーな女性のひとりである。この聖女が、これほどまで両極端ともいえる解釈や表象を許してきたのは、どんな事情によるのだろうか。この聖女は、いかなる想像力の産物なのだろうか。西洋のキリスト教は、この聖女にいかなる願望や欲望を投影してきたのだろうか。宗教はもちろんのこと、社会や文化、芸術の歴史と、この聖女の運命とのあいだには、どのような関係があったのだろうか。というわけで、「マグダラのマリア」というキャラクターの誕生と変貌《へんぼう》を、原始キリスト教の時代からバロックに至るまで、豊富な証言を残してくれているイタリアを中心に、芸術、文学、宗教書などのなかに辿《たど》ってみることにしよう。

マグダラのマリア❖目次

マグダラのマリア——エロスとアガペーの聖女

第1章
揺らぐアイデンティティ

Maria Maddalena

そもそも、マグダラのマリアとはいったい何者なのだろうか。イエスによって回心した罪深い女性、聖女にして娼婦《しょうふ》という、彼女に対してわたしたちの誰もが抱くようなイメージは、いったいいつ頃どのようにしてできあがったのだろうか。まず最初に、わたしたちは、この女性のいわばアイデンティティなるものの形成を辿ってみることにしよう。結論を先取りして言うなら、そのアイデンティティは、けっして固定されたものではなく、もともとからたえず揺らいでいたこと、そして、ある意味ではジェンダー間の葛藤《かっとう》の産物でもあったことが明らかになるだろう。

1　福音書のなかのマグダラのマリア

言うまでもなく、その出生は新約聖書に、厳密には、一世紀に成立したマタイ、マルコ、ルカ、ヨハネの四つの福音書にさかのぼる。これらの福音書において、マグダラのマリア、あるいは「マグダラと呼ばれるマリア」は、おもに次の四つの場面に登場する。すなわち、福音の旅、キリストの磔《はりつけ》、埋葬、そして復活である。このうち、一二人の使徒たちとともに福音の旅をする「マグダラと呼ばれるマリア」に言及しているのは、ルカだけであるが、そのほかの磔刑《たっけい》と埋葬と復活という、いわばキリスト伝のクライマックスとなる出来事については、ほぼすべての福音書記者が、マグダラのマリアを名指しで登場させている。以下で、それぞれの場面について、彼女の存在を確認しておこう。

①福音の旅

ルカ（8:1〜3）—「悪霊を追い出して病気を（イエスに）治していただいた女たち」のひとりで、「七つの悪霊を追い出していただいたマグダラと呼ばれるマリア」が、使徒たちとともにイエスにしたがって福音の旅をする。そこにはまた、「自分の財産をもって彼らに仕えているそのほか大勢の女たちもいっしょであった」。

②キリスト磔刑の立会人として

マタイ（27:55〜56）—「遠くから眺めている女たちがたくさんいた。イエスに仕えてガリラヤからついてきた女たちであった。そのなかに、マグダラのマリア、ヤコブとヨセフとの母マリア、ゼベダイの子らの母がいた。」

マルコ（15:40）—「また、遠くのほうから見ていた女たちもいた。そのなかにマグダラのマリア、小ヤコブとヨセの母マリアと、そしてサロメもいた。」

ルカ（23:49）—「イエスの知人たちと、ガリラヤからイエスについてきた女たちとはみな、遠く離れて立ち、これらのことを見ていた。」

ヨハネ（19:25）—「イエスの十字架のそばには、イエスの母と母の姉妹と、クロパの妻のマリアとマグダラのマリアが立っていた。」

③キリスト埋葬の立会人として

マタイ（27:61）—「そこには（埋葬の場）マグダラのマリアとほかのマリアとが墓のほうを向いてすわっていた。」

マルコ（15:47）—「マグダラのマリアとヨセの母マリアとは、イエスの納められるところをよく見ていた。」

ルカ（23:55）—「イエスといっしょにガリラヤから出てきた女たちは、ヨセフについていって、墓と、イエスのからだの納められる様子を見届けた。」

④キリスト復活の証人として（この場面は、少々複雑な筋書きのために、最初のマタイからの引用は長くなるが、マルコ以下は、ほぼ共通する記述は省略し、各福音書で特色のある箇所のみを抜粋する）

マタイ（28:1~10）―「さて、安息日が終わって、週の初めの日の明け方、マグダラのマリアと、ほかのマリアが墓を見にきた。」
「御使い（復活を告げる天使）は女たちに言った。『恐れてはいけません。あなたがたが十字架につけられたイエスを捜しているのを、わたしは知っています。ここにはおられません。前から言っておられたように、よみがえられたからです。来て、納めてあった場所を見てごらんなさい。それから急いで行って、お弟子たちにこのことを知らせなさい。イエスが死人のなかからよみがえられたと……。』」
「そこで、彼女たちは、恐ろしくはあったが大喜びで、急いで墓を離れ、弟子たちに知らせに走った。すると、イエスが彼女たちに出会って、『おはよう』と言われた。彼女たちは近寄って御足を抱いてイエスを拝んだ。すると、イエスは言われた。『恐れてはいけません。行って、わたしの兄弟たちに、ガリラヤに行くように言いなさい。そこでわたしに会えるのです。』」
マルコ（16:1~11）―「女たちは、墓を出て、そこから逃げ去った。すっかり震え上がって、気も転倒していたからである。そして誰にも何も言わなかった。恐ろしかったからである。」（さらに以下の追加を含む異本がある）「さて、週の初めの日の朝早くによみがえったイエスは、まずマグダラのマリアにご自分を顕《あら》わされた。イエスは、以前に、この女から七つの悪霊を追い出されたのであった。マリアは、イエスといっしょにいた人たちが嘆き悲しんで泣いているところに行き、そのことを知らせた。ところが、彼らは、イエスが生きておられ、お姿をよく見た、と聞いても、それを信じようとはしなかった。」

ルカ（24:1~11）―「女たちはイエスのみことばを思い出した。そして、墓から戻って、十一弟子とそのほかの人たち全部に（復活について）一部始終を報告した。この女たちは、マグダラのマリア、ヨハンナとヤコブの母マリアであった。彼女たちといっしょにいたほかの女たちも、このことを使徒たちに話した。ところが使徒たちには、この話はたわごとに思われたので、彼らは女たちを信用しなかった。」

ヨハネ（20:1~18）―「彼女（マグダラのマリア）は、……うしろを振り向いた。すると、イエスが立っておられるのを見た。しかし、彼女にはイエスであることがわからなかった。イエスは彼女に言われた。『なぜ泣いているのですか。誰を捜しているのですか。』彼女は、それを園の管理人だと思って言った。『あなたが、あの方を運んだのでしたら、どこに置いたのか言ってください。そうすれば、わたしが引き取ります。』イエスは彼女に言われた。『マリア』彼女は振り向いて、ヘブル語で、『ラボニ（先生）』とイエスに言った。イエスは彼女に言われた。『わたしにすがりついてはいけません。わたしはまだ父のもとに上っていないからです。わたしの兄弟たちのところに行って、彼らに、わたしは、わたしの父またあなたがたの父、わたしの神またあなたがたの神のもとに上る、と告げなさい。』マグダラのマリアは、行って、『わたしは主にお目にかかりました』と言い、また、主が彼女にこれらのことを話されたと、弟子たちに告げた。」

四つの福音書のなかに描きだされたマグダラのマリアをこのように追跡してきて、おそらく読者の誰もがまず気づくのは、次のことであろう。回心した娼婦という、彼女のアイデンティティの核心にかかわるはずの出来事がどこにも登場していないではないか、と。したがって、初期キリスト教の美術に登場してくるマグダラも、これら磔刑や復活の場面だけに限られる。その作例は、三世紀以降、石棺《せっかん》や象牙《ぞうげ》細工などに比較的豊かに残されており、なかでももっとも早いものとして、かつてローマ軍の駐屯地であったシリアの町ドゥーラ・エウロポスの「キリスト教徒の家」の北壁面を飾る絵画（二四〇年頃、イェール大学美術館／Ⅰ―1）が知られている。そこには、白い外衣をまとい、松明《たいまつ》を手にキリストの墓を訪れる三人の女性（三人目はほとんど消失）が描かれているが、巨大な石棺のいちばん近くにいるのが、おそらくマグダラのマリアである。その左手にはまた、香油の壺も見える。マルコとルカによれば、マグダラら三人の女性は、「イエスに油を塗りに行こうと思い」墓を訪れたのだっ

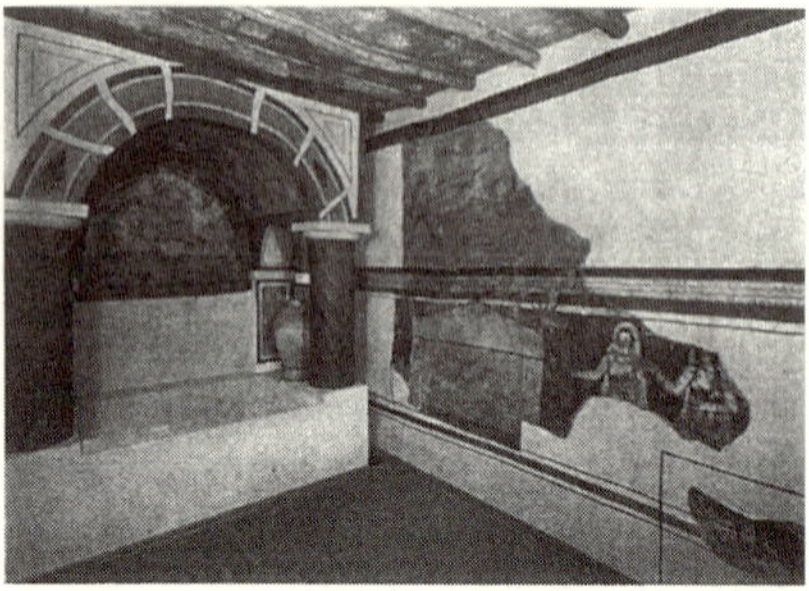

Ⅰ―1　「キリスト教徒の家」の北壁面を飾る絵画（240年頃）

た。初期キリスト教の復活図においては、イエス自身が描かれることはないが、それは、むしろ福音書に忠実と言うべきである。なぜなら、いずれの福音書も、主がどのようにして墓からよみがえったかを、語ってはいないからである。わたしたちが見慣れているような、墓からキリストが身を起こす復活が描かれるようになるのは、一〇世紀以後のことである。

　ふたたび福音書に戻るなら、ただひとりルカだけが、「七つの悪霊を追い出していただいたマグダラと呼ばれるマリア」と述べ、イエスと出会う前にこの女性は「悪霊」にとり憑《つ》かれていたらしい素性を示唆しているが、それ以上の詳しいことにはふれてはいない。では、いったいいつ頃どのようにして、この「悪霊」に憑かれた女性は、重大な罪を犯したがそれにもかかわらず、心から自分の罪を悔い改める女性へと変貌を遂げていくのか。その現場に立ち会うのはもうすこし後にまわすとして、今しばらくは、福音書からの右の引用に話を限定しよう。

　ここでさらに注目に値するのは、四人の福音書記者たちのあいだで、マグダラのマリアに対する態度が微妙に異なっているという点である。たとえば、キリストの十字架の磔に立ち会う場面において、マグダラのマリアたち女性は、マタイとマルコとルカの三人によれば、ただ「遠くから眺めて」いただけだが、ヨハネによれば、「十字架のそばに」立っていた。つまり、キリストとマグダラのマリアの関係は、ヨハネでは、より親密なものとして描かれているのである。言い換えるなら、ヨハネにおいては、主の犠牲の証人として、マグダラのマリアたち女性にもそれ相応の役割が与えられている、ということである。

つづくキリスト復活の場面において、福音書記者のあいだのこうした見解の相違は、いっそう顕著なものになっているように思われる。マタイとマルコとヨハネによれば、マグダラのマリアと「ほかのマリア」たちは、キリスト復活の最初の証言者となるばかりか、その出来事を弟子たちに伝える者ともなる。つまり、マグダラのマリアは、キリスト教信仰におけるもっとも中心的な教義である「復活」の最初の証人となるばかりか、それを弟子たちに伝える最初の「使徒」にもなる、という特権を得ているのである。彼女は、いわば「使徒たちの女使徒（アポストロールム・アポストラ）」とも呼べるべき存在として、きわめて重要な役割を担っているのである。

ところが、ルカでは、この位置づけに疑念がさしはさまれている。もちろんルカもまた、マグダラのマリアが、主の復活の場面に居合わせ、しかも主本人から、そのことを弟子たちに伝えるように託されたという経緯を、大筋で認めてはいるようである。しかし、ルカはすかさず、「使徒たちには、この話はたわごとに思われたので、彼らは女たちを信用しなかった」(24:11)と付け加え、マグダラのマリア(と彼女に象徴される女性)の役割をできるだけ引き下げようとしているのである。ちなみに、「使徒たちの女使徒」の図像は、一一世紀以来、聖書写本などに登場するが、そのなかには、ルカに倣って、使徒たちがいかに彼女の言うことを信用できなかったかという説明書きが丁寧に添えられているものもある(一四世紀初め、ケンブリッジ、セイント・ジョーンズ・カレッジ/I―2)。それゆえ、『ルカによる福音書』においては、復活したキリストが最初にその姿を顕わしたとされるのは、エマオへと向かう二人の男の使徒に対してである(24:13~35)。この出来事は、まさに、使徒たちがマグダラのマリアの証言への不信感をあらわにした直後に詳しく語られる。

しかも、二人の使徒のひとりとはシモン・ペテロであり、ルカは、わざわざ「ほんとうに主はよみがえって、シモンにお姿を顕わされた」(24:34)という一文を加えることによって、そのことを念押しまでしている。まるで、マグダラのマリアをおとしめることで、使徒ペテロの威信をあえて持ち上げようとしているかのようである。このように福音書間には、復活の証言をめぐってひじょうに興味深い異同が見られるが、そのことが暗示しているのは、おそらく原始キリスト教において、マグダラのマリアに象徴される女性の位置づけについて異

I―2 《使徒たちの女使徒》の図像（14世紀初め）

なる立場が拮抗《きっこう》していたらしいということである。ルカにとっては、主の復活の証言者という、キリスト教信仰の根本にかかわる特権が、一女性に帰せられうるものであってはならなかったのであろう。使徒のなかの使徒、あるいは使徒の権威をめぐるペテロとマグダラのマリアの抗争については、次節であらためて検討することにしたい。

福音書記者たちのあいだの相違は、これだけにとどまるものではない。復活の場面におけるマリアたちの反応の記述にも、四人のあいだで微妙な違いが認められるのである。マタイでは、恐怖とともに歓喜と信頼の入り交じった心理が描かれる――「彼女たちは、恐ろしくはあったが大喜びで、急いで墓を離れ、弟子たちに知らせに走った」（28:8）――のに対して、マルコでは、驚きや動転や恐れといった感情ばかりが強調される――「すっかり震え上がって、気も転倒していたからである。そして誰にも何も言わなかった。恐ろしかったからである」（16:8）――のである。要するに、マグダラのマリアが重大な出来事の証人であることを、マタイは進んで認めようとしているのに反して、マルコは、どちらかというと否定したがっている、ということである。

他方、ヨハネでは、復活したキリストは、「なぜ泣いているのですか」とマリアに優しく語りかけている（20:15）。さらに、復活したキリストの身体に触れようとするマリアに対して、「わたしにすがりついてはいけません」（20:17）と諭したという。二人のあいだの親密な関係を物語るこのエピソード――いわゆる「我に触れるな（ノリ・メ・タンゲレ）」の主題として知られるもの――について言及しているのも、ヨハネただひとりである。このように見てくると、マグダラのマリアを復活の最初の証人として認める側にも、微妙な立場の違いがあったことがはっきりとわかる。少々強引ながら、より肯定的な立場からより否定的なものへという序列をあえてつけるとすれば、ヨハネ、マタイ、マルコ、ルカという順になるであろうか。マグダラに代表される女性の弟子たちに対して、もっとも寛容で、ときには好意的ですらあるのがヨハネだとすれば、もっとも手厳しいのが――ペテロに代弁させるかたちで――ルカなのである。

美術に目を転じてみるなら、残された作例から判断するかぎり、復活後に出現するキリス

Ⅰ—3　《墓を訪れる女たちと女たちに顕われるキリスト》『ラブーラ福音書』より（586年）

トの図像は、どちらかというと、『ヨハネによる福音書』よりも『マタイによる福音書』に基づいているものが圧倒的に多いように思われる。つまり、マグダラひとりに顕われる「我に触れるな」としてよりも、むしろ、マグダラと他のマリアたちにあいさつを送り、これに応《こた》えて、彼女たちが「近寄って御足を抱いてイエスを拝んだ」という場面として表現されているのである。たとえば『ラブーラ福音書』（五八六年、フィレンツェ、ラウレンツィアーナ図書館／Ⅰ—3）などがそうである。ここにも、復活の証言者としてマグダラただひとりを特権化することを、できるだけ抑えようとする意図が働いていると考えるのは、かんぐりすぎであろうか。

さて、ここでこれまでのところをひとまず要約しておこう。まず、マグダラのマリアと呼ばれる女性は、もともと福音書において、おもにキリストの磔刑、埋葬、復活にかかわる各場面に登場しているが、罪や悔い改めといったテーマに直接関連しているわけではないという点。

次に、彼女の位置づけをめぐって、四人の福音書記者たちのあいだで評価の違いが認められるという点である。その違いは、とりわけ彼女に好意的とは言えないルカにおいて著《いちじる》しい。おそらくマグダラのマリアは、原始キリスト教において、女性の地位と役割をめぐる葛藤を体現する存在であり、そのことが福音書間のニュアンスの違いに反映していると考えられる。

それでは、いつ頃どのようにして、悔い改めた罪深き女性というマグダラ像ができあがっていくのか。この問題に入る前に、マグダラの地位をめぐる議論について、もうすこし詳しく検討しておこう。

2 外典のなかのマグダラのマリア

マグダラをめぐる葛藤が、もっとはっきりとしたかたちで投影されているのが、二世紀にグノーシス主義の強い影響のもとで成立したとされる一連の外典である。とりわけ、『マリヤによる福音書』『トマスによる福音書』『フィリポによる福音書』『ピスティス・ソフィア』などがそれである。このうち、女性の名前を冠した唯一の福音書である『マリヤによる福音書』は、文字どおりマグダラのマリアに捧《ささ》げられたもので、女性の主導権や使徒としての役割をめぐる原始キリスト教時代の論争が、如実に映し出されたものとして読むことができる。

この福音書において、マグダラのマリアは、幻視を見る力に恵まれた預言者のような存在として、また、男の弟子たちを励ましさえする使徒のなかの使徒として登場する。たとえばペテロは、主からもっとも愛されたマグダラから主のことばを聞き出そうとする。これに彼女が答えて言うには、「私は一つの幻の内に主を見ました。……彼は答えて私に言われました、『あなたは祝されたものだ、私を見ていても、動じないから。というのは叡智《えいち》のあるその場所に宝があるのである』」(10)と。

さらに、マグダラが男の弟子たちを励ます様子は、次のように記述されている。「彼女は自分の兄弟たちに言った、『泣かないで下さい。悲しんだり、疑ったりしないで下さい。というのも彼の恵みが(今後も)しっかりとあなたがたと共にあり、あなたがたを護《まも》ってくれるのですから。それよりもむしろ、彼の偉大さを讃《たた》えるべきです、彼が私たちを準備し、私たちを人の中にあるものとして下さったのですから』」(9)。

このように顕著な存在感を見せつけるマグダラに対して、敵意すら抱いているように思われるのが、ほかならぬペテロである。ペテロは、彼女の幻視の体験と、そこで聞いたという主のことばをまったく信じようとはしない。というのも、端的に言えば、相手が女性だからである。ペテロいわく、「(まさかと思うが、)彼がわれわれに隠れて一人の女性と、(しかも)公開ででではなく語ったりしたのだろうか。将来は、われわれは自身が輪になって、皆、彼女の言うことを聴くことにならないだろうか。〈救い主〉が彼女を選ん〈だ〉というのは、われわれ以上になのか」(17)。自分たちにもまさる特権がひとりの女性に与えられていること、彼女から説教すら聞かされる羽目になることが、ペテロには許しがたかったのである。マグダラに対するペテロのこうした敵意や猜疑心《さいぎ》は、『ルカによる福音書』に表面化しているものとよく似ている。

この攻撃にマグダラは「泣いて」応戦する。「私の兄弟ペトロよ、それではあなたが考えておられることは何ですか。私が考えたことは、私の心の中で私一人で〈考え出〉したことと、あるいは、私が嘘《うそ》をついている〈とすればそれ〉は救い主についてだと考えておられるからには」(18)。マグダラに味方して、最後にとどめをさすかのように、レビがペテロを諭す。「ペトロよ、いつもあなたは怒る人だ。今私があなたを見ている〈と〉、あなたがこの女性に対して格闘しているのは敵対者たちのやり方でだ。……確かに救い主は彼女をしっかりと知っていて、このゆえにわれわれよりも彼女を愛したのだ。……」(18)。

『マリヤによる福音書』は短いもので、さらにその半分近いページが欠落してはいるが、それにもかかわらず、マグダラのマリアとペテロとがかなり激しく対立していること、もっと正確に言うなら、預言者にして伝道者というマリアの権威を、ペテロができるだけ制限しようとしていることは、はっきりと読み取ることができる。その葛藤を通じてこの外典が描き出そうとしているのは、まさしく、並外れたマグダラの能力と権威にほかならない。それは、ペテロに軍配を上げていた『ルカによる福音書』と、ある意味で好対照をなしている。

イエスの語録という形式をとる外典『トマスによる福音書』もまた、この二人の対立にふれている。そのなかでペテロは、あたかもわざと挑発するかのように、強い口調でイエスにこう切りだす。「マリハム（マグダラのマリア）は、私たちのもとから去った方がよい。女たちは命に値しないからである」（114）。これに対して、イエスが謎《なぞ》めいたことばで答える。「見よ、私は彼女を（天の王国へ）導くであろう。私が彼女を男性にするために、彼女もまた、あなたがた男たちに似る活《い》ける霊になるために。なぜなら、どの女たちも、彼女らが自分を男性にするならば、天国に入るであろうから」（114）。

この謎めいた一節は、専門の研究者たちによってさまざまに解釈されているようで、同じ福音書の別の一節、つまり、「あなたがたが、男と女を一人にして、男を男でないように、女を女（でないよう）にするならば、……そのときにあなたがたは［王国に］入るであろう」（22）というイエスの語録とのあいだにある、一見した矛盾も指摘されている。また、「男と女を一人にする」、「女を女でないようにする」、「彼女らが自分を男性にする」といった言い回しには、原初の人間であるアダムのような両性具有的存在への回帰や、あるいは、苦行者たちの禁欲主義的なジェンダーの放棄の精神が表わされている、とする見解もある。いずれにしても、マグダラを排除し、弟子の範囲をことさら制限しようとするペテロに対して、イエスが釘《くぎ》をさし、その非を諭そうとしているらしいことは、じゅうぶんに推察できる。

別の面から見るなら、マグダラのマリアに対するペテロの反感と敵意は、特別に主の寵愛《ちょうあい》を受けた彼女に対する嫉妬《しっと》の現われでもあったと解釈される。『マリヤによる福音書』のなかでペテロは、マリアに面と向かって、「姉妹よ、救い主が他の女性たちにまさってあなたを愛したことを、私たちは知っています」(10) と噛《か》みついている。こうしたマグダラへの嫉妬はまた、抜粋集『フィリポによる福音書』にも表現されている。「[主は] マ [リヤ] を [すべての] 弟 [子] たちよりも [愛して] いた。[そして彼 (主) は] 彼女の [口にしばしば] 接吻《せっぷん》した。他の [弟子たちは] 彼が [マリ] ヤ [を愛しているのを見た。] 彼らは彼に言った、『あなたはなぜ、私たちすべてよりも [彼女を愛] されるのですか』。救い主は答えた。彼は彼らに言った、『なぜ、私は君たちを彼女のように愛さないのだろうか』」(§55b)。またこの福音書では、マグダラのマリアはイエスの「伴侶《はんりょ》」とも呼ばれている (§32)。

復活したイエスが弟子たちに語るグノーシス的な奥義として記録された『ピスティス・ソフィア』でも、マグダラ (マリハム) は、神秘的な力をもち、イエスに特別に愛された女性として登場する。イエスは彼女に言う。「マリハム、幸福なるマリハムよ、わたしはあなたを、天の御業《みわざ》のあらゆる神秘において完全なるものとしよう。勇気をもって語りなさい。なぜならあなたの魂は、他のすべての兄弟たちよりも、天の王国に向かっているのだから」。ペテロはここでもマグダラに敵意を抱いていて、「主よ、わたしたちに代わってしゃべるこの女に、わたしたちは我慢がなりません。彼女は、わたしたちの誰にもしゃべらせず、のべつまくなしに自分がしゃべっているのです」、とイエスに不平を漏らす。だが、そんな中傷にはお構いなく、マグダラは、すべての人間が「闇《やみ》」から解放される必要のあることを、イエスに語る。というのも、彼女が言うには、「わたしたちは、自分たち自身のことだけを憐《あわ》れんでいるのではなく、人類全体を憐れんでいるからです」。

このようなグノーシス主義の福音書のなかから浮かび上がってくるマグダラ像は、新約聖書を構成する四つの福音書に見られるものとは、かなり異なった様相を呈しているように思われる。まず、幻視者あるいは預言者として比類のない能力がマグダラに認められていると いう点。さらに、使徒たちと対等か、あるいはそれ以上にすぐれた伝道者としての資格も与えられているという点。そして最後に、この女性の力や権威に対して、とりわけペテロがあからさまに挑戦し、彼女を排除しようとすらしているという点である。そうした兆候の幾つかは、主の復活の証言をめぐって、四つの福音書にもそれぞれ微妙なかたちで刻印されていたものだが、外典において、いっそう顕著なかたちをとっているのである。逆に言うなら、四福音書では、多かれ少なかれマグダラのマリアを牽制《けんせい》することによって、使徒的で家父長的な教会の権威が際立たされている、ということである。それゆえ、外典のなかのマグダラは、いわばマグダラの「無意識」とでも呼べるものを構成しているともいえるだろう。たとえ、「父」の権威によって抑圧されたとしても、けっして消え去ることのないこの「無意識」の痕跡《こんせき》は、芸術においてさまざまなかたちで表面化することになる。

さて、わたしたちのヒロインが「罪深い女」の濡《ぬ》れ衣《ぎぬ》を着せられるようになる経緯を検討する前に、もうひとつ重要なめぐり合わせが彼女に訪れることを、見過ごすことはできない。それは、ソロモン王の作と伝えられる祝婚歌『雅歌《がか》』のなかでのことである。アレキサンドリアの神学者オリゲネス（一八五頃～二五四年頃）は、その著『雅歌注解』において、旧約聖書『雅歌』に詠《うた》われた「花婿」と「花嫁」を、それぞれキリストと教会とになぞらえるが、同時に、「花嫁」は、ひとりのマリアに当てはめてみることができるという。そのマリアとは、「高価なナルドの香油を一リトラ（約三〇〇グラム）たずさえて来て、イエスの足に注ぎ、自分の髪の毛でそれをふいたと伝えられている」マリア、つまり、『ヨハネによる福音書』（11:2; 12:3）で、主に香油を塗り、髪の毛でそれをぬぐったとされる、ベタニアのマリア（ラザロとマルタの姉妹）のことである。オリゲネスは、そこに信仰と気高い愛の証《あかし》を読み取り、次のように述べる。

マリアは、自分の髪の毛によって、イエススの体のもつ品位と徳性に染められた香油を、彼女自身のために、取り戻し、手に入れました。香油を注いだことで、ナルドの香りが彼女に移ったというよりは、「イエススの」足をふいた髪の毛を通して、神のロゴスご自身の香りが彼女に移ったのですから、彼女の頭はナルドの香りではなく、キリストの芳《かぐわ》しい香りにつつまれました。

もちろんオリゲネスは、このベタニアのマリアは、マグダラのマリアとは別人であると考えている。まして、『ルカによる福音書』に登場する「罪深い女」(7:37)と同一人物ではありえない。もうひとつの著書『雅歌講話』のなかでは、慎重にもこの点を念押ししている。

今ここで、わたしが話題にしているこの婦人は「罪の女」ではありません、聖なる婦人です。もちろん、ルカは「罪の女」について述べており、マタイとヨハネとマルコは「罪の女」について述べているのではないことは知っています。ですから、「罪の女」ではなく、聖なる婦人が「イエススのもとに」来たのです。ヨハネはこの婦人の名をも書き加えて、「マリアであった」「と記しています」。彼女は高価なナルドの香油の入った石膏《せっこう》の壺を持ってきて、イエススの頭に注ぎました。

このようにオリゲネスがわざわざ断りを入れているということ自体、聖書のなかの複数のマリアたちや「罪深い女」たちのあいだに、早くから混乱が生じていた証拠とみなすこともできるだろう。その混乱がどう解決されたのか、それは次節で詳しく見ることになる。オリゲネスはまた、『ルカによる福音書』に基づいて、ベタニアのマリアとマルタの姉妹を、それぞれ瞑想《めいそう》的な生と活動的な生の象徴とみなした最初の人物でもあった。もしも、マルタの姉妹であるベタニアのマリアが、マグダラのマリアと実は同一人物であったとすれば、前者に与えられた特性――「花嫁」と「瞑想的生活」――もまた、すべてマグダラのマリアに接《つ》ぎ木《き》されることになるだろう。歴史は実際にその方向に進んでいくのである。

3 「罪深い女」＝マルタの姉妹ベタニアのマリア＝マグダラのマリア

わたしたちはここまで、原始キリスト教の共同体において、マグダラのマリアという女性の地位と権利をめぐって、さまざまな議論や立場があったと想定されること、そして事態はどちらかというと、その権利を抑制し地位をおとしめようとする方向へと向かう一方で、それに代わって、ペテロの優位性を前面に打ちだすという傾向が強まっていったことを見てきた。しかし、それにもかかわらず彼女は、いまだ罪を犯した女性とみなされていたわけではなく、それゆえ、悔悛の必要性も当然ながらまだなかった。アンブロシウス（三三三頃〜三九七年）やアウグスティヌス（三五四〜四三〇年）といった、初期キリスト教時代の大学者たちも、マグダラのマリアをそのように見ていたという痕跡はない。それが、いったいどういうわけでいつ頃、今日わたしたちの誰もが抱くようなマグダラ像へと変貌していくことになるのであろうか。

この新たなる変身に大きく貢献した立役者こそ、典礼や聖歌の完成者としても知られる、教皇大グレゴリウス（在位五九〇〜六〇四年）である。教会国家の基礎を確立したとされるこの教皇は、マグダラのマリアに象徴される女性の弟子に対して、いったいどのような解釈＝加工を施したのだろうか。その手続きは、周到にして巧妙である。

大グレゴリウスによれば、『ルカによる福音書』に登場する「罪深い女」（7:37〜50）と、ラザロとマルタの姉妹であるベタニアのマリア（『ヨハネによる福音書』11:1〜44; 12:1〜8）とは、何を隠そう、マグダラのマリアその人のことにほかならない、というのである。

「罪深い女」は、ルカの伝えるところでは、パリサイ人《びと》の家でイエスが食卓についているとき、イエスの足元に駆け寄り、その足を自分の「涙でぬらし、髪の毛でぬぐい」、さらにその足に「口づけ」して、みずからの罪を悔い改めようとした女性である。一方、ベタニアのマリアは、イエスにその兄弟ラザロを生き返らせてもらった女性である。この二人がまたマグダラのマリアと同一人物だとすると、彼女の出番はもはや、キリストの磔刑や埋葬や復活の場面だけに限定されるわけではなくなってくる。

だが、それにしても、いったいなぜこのような解釈＝加工が可能だったのだろうか。火のないところに煙は立たないとすれば、しかもその煙が現代に至るまで燻《くすぶ》りつづけているとすれば、福音書に登場する三人の女性が実は同一人物であったとする大グレゴリウスの議論も、まったく根拠に欠ける荒唐無稽《こうとうむけい》のでっち上げであったというわけでは、必ずしもないだろう。どういうことなのか。もうすこし詳しく見てみることにしよう。

まずは、マグダラと「罪深い女」との合体から。ルカが、マグダラのマリアのことを、イエスから「七つの悪霊を追い出して」もらった女性（8:2）と呼んでいたことは、前にふれたとおりである。このことは、マルコにもまた言及があり、「イエスは、以前に、この女（マグダラのマリア）から七つの悪霊を追い出されたのであった」（16:9）と、やはり、その悪霊の数まで特定している。ルカとマルコが、けっしてマグダラに好意的であったとは言えない福音書記者だったことを、ここで思い出しておこう。これを根拠に、大グレゴリウスは、マグダラのマリアにとり憑いていたとされる「七つの悪霊」を、「罪深い女」の「罪」と読み替えるわけである。それゆえ、マグダラから追い払われた「七つの悪霊」とは、また「七つの大罪」——邪淫《じゃいん》、貪食《どんしょく》、貪欲、怠惰《たいだ》、憤怒《ふんぬ》、羨望《せんぼう》、高慢——にほかならないことになる。さらに、『ルカによる福音書』において、「罪深い女」の場面（7:37〜50）と、「七つの悪霊を追い出していただいたマグダラと呼ばれるマリア」（8:2）の登場とは、連続して起こっているため、両者の同一化にいっそうの拍車がかけられたと考えられる。

次に、三人目の登場人物であるベタニアのマリアが、この組み合わせに参入してくる経緯を見ておこう。このマリアについて、ヨハネは、「主に香油を塗り、髪の毛でその足をぬぐったマリアであって、病んでいたのは彼女の兄弟ラザロであった」（11:2）と証言する。さらに、同じくヨハネは、この香油についても詳細に記述しており、「マリアは、ひじょうに高価な、純粋のナルドの香油一リトラをとって、イエスの足に塗り、彼女の髪の毛でイエスの足をぬぐった。家は香油のかおりでいっぱいになった」（12:3）という。とするならば、このベタニアのマリアは、パリサイ人の家でイエスに対して「罪深い女」がおこなったのと同じ振る舞いをしたことになる。というのも、ルカによれば、「罪深い女」は「イエスが、パリサイ人の家で食卓についておられることを知り、香油の入った石膏の壺をもってきて、泣きながら、イエスのうしろで御足のそばに立ち、涙で御足をぬらし始め、髪の毛でぬぐい、御足に口づけして、香油を塗った」（7:37〜38）からである。つまり、イエスの足に香油を塗り、髪の毛でそれをぬぐうという行為において、「罪深い女」とベタニアのマリアとは、一

Ⅰ—4　ルースウェルの十字架（8世紀初頭）

致しているというわけである。この種の図像でもっとも早い例が、ケルト十字架のひとつとして名高い、ルースウェルの十字架（八世紀初頭、ルースウェル教区教会堂／Ⅰ—4）である。その一面には、あいさつを交わすマリアとマルタの姉妹、およびキリストの足をぬぐう「罪深い女」の場面が、上下に並んで浮き彫りで表現されている。

「罪深い女」がマグダラのマリアであり、しかもラザロとマルタの姉妹のマリアとも同一人物であったとすれば、このマリアは、必然的に、マグダラのマリアでもあった、ということになるだろう。さらにルカによると、このベタニアのマリアは、あるときイエスを家に迎えて、その足元にすわり、じっとそのことばに聞き入っていたが、姉妹のマルタのほうは、主をもてなそうと忙しく立ち働いていた。この様子を見たイエスは、マルタをとがめ、必要なことはひとつだけであり、「マリアはその良いほうを選んだ」と語ったという（10:38-42）。

かくして、各福音書のなかにちりばめられた断片が寄せ集められることで、新しいマグダラのマリアのイメージが、まるでジグソーパズルのように、その像を結んでくることになる。

マグダラのマリアは、もはや、主の生涯の最後の出来事――磔刑と埋葬と復活――に立ち会っていただけではない。福音の旅の途上で、何度か、重要な役回りを演じてもいたのである。主の足を涙で洗い、髪でぬぐい、口づけするとは、悔い改めと奉仕と愛を象徴する行為にほかならない。かつての「罪深い女」は、いまや、イエスによって悔い改め、イエスに奉仕し、イエスを愛する者となる。また、マルタのように行動によってではなく、じっと聞き入ることによって、イエスに応えたのだとすれば、マリアは、「活動的生活（ウィータ・アクティーウァ）」よりもむしろ、「瞑想的生活（ウィータ・コンテンプラティーウァ）」の理想を選んでいたことにもなるだろう。

大グレゴリウスが組み立てた、いわばハイブリッドなマグダラ像は、こうして、罪人たちにとって悔い改めと希望の模範となり、キリストへの敬虔《けいけん》な奉仕と瞑想的生活の理想となる。わたしたちにも親しい聖女のイメージの中核が、ここにそのかたちをとりはじめてきたのである。

マグダラのマリアは、「罪深い女」であるかぎりにおいて、エヴァの末裔《まつえい》であることに変わりはないが、悔い改めによって希望へと道が開かれているという意味で、まさしく聖母マリアにも近づくことのできる存在となるのである。救済の可能性が閉ざされているエヴァに対して、マグダラにはそれが開かれている。たとえば、中部フランス・アリエ県のロマネス

I—5　ヌイイー・アン・ドンジョン聖堂の扉口を飾る浮き彫り（12世紀前半）

ク教会堂ヌイイー・アン・ドンジョン聖堂の扉口を飾る一二世紀前半の浮き彫り（I—5）では、まさしくアダムとエヴァの原罪のすぐとなりに、シモンの家の会食でキリストの足をぬぐうマグダラの場面が置かれている。だが、この混成的なマグダラ像の加工は、別の側面から見るならば、彼女の名前とともに女性に与えられていた使徒としての権利を、罪人としての地位に置き換え、主の復活の第一証人にして伝道者であったという重要な役割を、むしろ決定的に葬り去ってしまおうとする、教会側の戦略でもあった。

4　隠修士としてのマグダラ

わたしたちの主人公の変貌は、しかし、これだけにとどまってはいない。時代を経るごとに、彼女は、次々と新しい装いで、わたしたちの前にその姿を現わす。マグダラのマリアとは、まるで、そこにわたしたちの欲望や願望、期待や不安がそのつどそのつど書き込まれていく、「重ね描き写本（パランプセスト）」のようなものである。

その意味でおもしろいのは、カロリング朝を代表する神学者のひとりラバヌス・マウルス（七八〇～八五六年）が著わしたとされる「マグダラのマリア伝」である（ただし近年では、一二世紀半ばのシトー派の一修道士によって書かれたという説が有力である）。彼女の比類のない美しさを強調して、著者は以下のように述べる。

結婚の年齢に達したマリアは、輝くばかりのその身体の愛らしい美しさにおいて並ぶものなく、その手足の動き、美しい容貌、見事な髪の毛、もっとも優雅な身のこなし、優しくて従順な心において、光彩を放っていた。その顔の美しさ、その唇の優美さは、百合の白さに薔薇《ばら》を混ぜたようなものだった。要するに、造形主たる神の、並ぶもののない驚くべき創造物と呼ばれるほど、彼女の容姿の美しさは輝いていたのである。

マグダラはかくも美しい。しかし、その美しさゆえに罪を犯したのである。マグダラの美しさは、その罪と表裏一体のものである。美しければ美しいほど、罪は重くなり、悔い改めも深くなる。マグダラは、みずからの重大な罪を悔い改めるために、人里離れた荒野でわが身を痛めつけようとするだろう。この変貌は、九世紀に、南イタリアの修道士たちの環境において起こったとされるもので、悔い改めた「罪深い女」というイメージに、隠修士《いんしゅうし》ないしは苦行者としてのイメージが合体してくる。そのモデルとなったのが、五世紀に生きたエジプトのマリアで、この聖女は、一二歳のときに娼婦となり、一七年間この生活を続けていたが、エルサレムへの巡礼をきっかけに、自分の罪の深さに心から打ちのめされ、発心《ほっしん》して世を捨て、苦行のなか、以後四七年もの長きにわたって、ひとり砂漠で純潔を守って生きたのであった。こうして、「罪深い女」マグダラのマリアは、はっきりと娼婦としての前歴を着せられる羽目にもなり、悔い改めた娼婦として、その後の西洋の宗教や芸術における彼女の運命に、計り知れない痕跡を残すことになる。

それゆえ、図像の上で、エジプトのマリアとマグダラのマリアが交換されたり、混同されたりすることも稀《まれ》ではない。ドナテッロの作品で見たような、全身を頭髪にくるまれた隠修士のマグダラのイメージは、とりわけ一四世紀以降流行することになるもので（第II章参照）、エジプトのマリアから由来するとされる。作者不詳（アヴィニョン派）の一五世紀の板絵《信仰の泉》（アヴィニョン、カルヴェ美術館／I―6）では、十字架のキリストをはさんで、二人の聖女がまるで姉妹のように向かいあって立っているが、画面左で香油の壺をもつ着衣の女性がマグダラ、足まで髪の垂れた右の女性がエジプトのマリアである。

ところで、「罪深い女」が「娼婦」のイメージに結びつくのは、女性をステレオタイプ化

Ⅰ—6　作者不詳（アヴィニョン派）《信仰の泉》（15世紀）

するきわめて古い類型によるものである。たとえばフロイトによれば、男性にとって女性は、禁止されたエディプス的対象としての娼婦と理想の母とに大別されるが（「男性に見られる愛人選択の特殊な一タイプについて」一九一〇年）、前者はマグダラのマリアに、後者は聖母マリアに対応すると見ることもできるだろう。

『ヨハネによる福音書』にはまた、五人もの夫をもった末に、不法な夫と暮らしているサマリアの女（4:7〜26）や、「姦淫《かんいん》の場で捕らえられたひとりの女」（8:3〜11）の逸話が語られているが、その堕落や性的な罪において、さらに、それにもかかわらずイエスが赦《ゆる》し祝福したという点において、彼女たちも、マグダラのマリアとの連想を誘う存在となる。

「隠修士伝（ウィータ・エレミティカ）」としてのこのマグダラは、さらにその後、プロヴァンス地方に伝わる伝承とも合体する。「使徒伝（ウィータ・アポストリカ）」の類型ともつながるその伝承によると、ローマ帝国の迫害を逃れたマグダラのマリアと弟子たちの一行は、地中海を渡ってマルセイユの港に辿りつき、そこで異教のゴール人たちに布教したというものである。さらにマグダラは、マルセイユの郊外にあるサント・ボームの洞窟《どうくつ》に引きこもり、禁欲的な瞑想と苦行に余生を捧げ、その遺体は、エクス・アン・プロヴァンスの司教であった聖マクシムスによって彼の教会堂に埋葬されたといわれる。しかし、西洋の各教会が聖人たちの「真正なる」聖遺物獲得への情熱を高めるなか、彼女の遺体は、ブルゴーニュ地方のヴェズレーの修道院に移され（略奪され）、一一世紀半ば以来、この修道院の守護聖人として信仰を集めることになった。

ところが、事態はもういちど逆転する。マグダラのマリアの聖遺物闘争において巻き返しをはかるプロヴァンス側では、一二七九年、その地の領主でナポリ王のシャルル・ダンジュー立ち会いのもと、エクス大司教区のサン・マクシマン修道院のベネディクト会士たちによって、聖女の本当の遺骨が地下のクリプタで再発見されたと宣言し、事実上、ヴェズレーに打ち勝つことになる。マグダラのマリアが禁欲生活をおくったとされるサント・ボームの洞窟は、いわば聖地となって、各地から多くの巡礼を集めることになるが、そのなかには、一三三七～三八年頃にこの地を訪れたイタリアの詩人フランチェスコ・ペトラルカもいた。それればかりかこの詩人は、マグダラのマリアに三六行の詩を捧げてもいる。さらには、ルネサ

Ⅰ―7 《香油を買い求めるマリアたち》モデナの柱頭浮き彫り（1170年頃）

Ⅰ―8 《キリストの墓を訪れるマリアたち》モデナの柱頭浮き彫り（1170年頃）

ンスの君主たち、たとえばマントヴァのイザベッラ・デステや、フランスのフランソワ一世も、巡礼に訪れたことが知られている。

中世はまた、聖史劇や典礼劇が発達した時代でもあったが、図像学の泰斗エミール・マールが明らかにしたところによると、一二世紀のフランスにおいて、復活祭で演じられる劇に興味深い場面が挿入された。それは、マグダラをはじめとするマリアたちが、キリストのために香油を店に買いにいくという場面である。フランスに見られるこの図像は、イタリアのモデナにも出現している。柱頭に彫られたその場面（一一七〇年頃、モデナ、市立美術館／Ⅰ―7）は、店頭で主人から香油を量り売りで購入している三人のマリアたちを表現している。この図像は、おそらくは巡礼路を通ってプロヴァンスから渡ってきたもので、彫刻師もまた北方出身者である可能性が高い。同じくモデナには、やはり同じタイプの柱頭浮き彫り（一一七〇年頃、モデナ、市立美術館／Ⅰ―8）が残されているが、そこには、キリストの墓で気を失い、二人のマリアから慰められているマグダラが登場する。石棺からはみ出した白い布が、主の復活を暗示している。この例からもわかるように、マグダラのマリアというハイブリッドな女性像は、より世俗的な要素や心理的な脚色を受け入れやすい存在なのである。

5　『黄金伝説』のなかのマグダラ

このようにさまざまな要素が合流しているマグダラ像を、ある意味で完成させ、その後の美術などにも大きな影響を与えることになるのが、一三世紀にドミニコ会修道士のヤコブス・デ・ウォラギネ（一二二八頃～九八年）によって著わされた『黄金伝説』のなかの「マグダラの聖女マリア」伝である。このドミニコ会士が浮かび上がらせようとする聖女像の特徴を、ここで箇条書きにまとめておくなら、以下のようになるだろう。

①悔悛と「瞑想的生活」（「マリアが選んだ最良のもの」として、「悔悛あるいは痛悔」、「内面の観想」、「天国の栄光」の三つがある）。
②回心前と回心後の対比（「回心前のマリアは、永劫《えいごう》の罰にあたいするようなことをしていたのだから、〈罪の女〉であった」が、「回心後のマリアは、あふれるばかりの恩寵《おんちょう》を受けて、きらびやかに光り輝いていた」）。
③そのたぐい稀なる美貌《びぼう》と富。
④主キリストへの「熱烈な愛」と、その見返りに主から与えられた「大きな恩寵や、多くの愛のしるし」。
⑤復活の第一証人にして、かつ使徒たちの「女使徒」。
⑥マルセイユでの伝道と説教。
⑦使徒ペテロとの確執と競合。
⑧隠修士としての三〇年の生活。そこで体験する神秘、天使たちによる空中浮揚。
⑨司教マクシムスによって執り行われた最後の聖体拝領と、遺体の埋葬。
⑩福音書記者聖ヨハネの花嫁であったという説。ただしウォラギネはこれには否定的。

このように見てくると、ヤコブス・デ・ウォラギネの描き出すマグダラ像は、それまでのイメージをまるで合成写真さながらに組み合わせたような混成的な相貌を呈していることがよくわかる。ここには、四つの福音書、大グレゴリウスによる解釈、隠修士伝、プロヴァンスの伝承などといった要素がひとつに合流している。さらに、聖女の美貌についての特筆も、ラバヌス・マウルスらにさかのぼることができる。ウォラギネはまた、キリストとマグダラのマリアとの相思相愛の関係についても言及しているが、これも、『雅歌』の「花嫁」と結びつける解釈の伝統や、ラバヌス・マウルス（「キリストをもっとも愛し、キリストからもっとも多く愛された」）らにさかのぼることができるだろう。

一方、福音書記者聖ヨハネの花嫁であったという説が出てくるのは、おそらく、この福音書記者が四人のなかでマグダラのマリアに対してもっとも好意的だったことによるのではないかと想像される。他の福音書記者たちが、マグダラを、キリストの十字架から離して置いたのに対して、近くに据えたのは、ヨハネだけであった。『ヨハネによる福音書』に語られるカナの婚礼（2:1~11）は、ほかでもなくヨハネ自身とマグダラの婚礼のことで、そこにキリストと聖母マリア、弟子たちが招かれていた、という伝承が実際に中世にあったようで、ウォラギネはこれを採取しているのだろう。その婚礼は、たとえば一三世紀末のドイツの詩にも詠われ、その挿絵がほどこされた手写本も伝わっている（カールスルーエ、聖グレゴリアン写本66、一四二〇年頃／I―9）。食卓の向かって右側にいる若い女性がマグダラで、右端に顕われたキリストはヨハネに語りかけて、彼を信仰の道へと誘っている。

ウォラギネと同じくドミニコ会士であったドメニコ・カヴァルカも、隠修士たちの伝記『教父伝』（一四世紀初め）のなかで、この説をもっと詳しく紹介している。それによると、二人の婚礼はやはり、イエスがまさに水をワインに変えた地、カナンで執り行われた。しかし、その夜、ヨハネは彼女を振りきって、信仰のため砂漠に引きこもってしまう。傷心のすえ彼女は、実家に戻ってくるが、愛していた男が自分の理解できない愛に身を捧げていることに、混乱し、呆然《ぼうぜん》となってしまう。そのため、もはや家に閉じこもっていることができなくなり、苦しみから逃れるために彼女は、世間に出て、人前に身をさらすようになった。それが、彼女の悪評につながり、あげくの果てには、娼婦呼ばわりまでされるようになった原因なのだ、とカヴァルカは述べる。現今のご婦人方の気ままな振る

I―9　聖グレゴリアン写本66（1420年頃）

舞いは、いにしえの娼婦たちよりも、目にあまることがあるというのが、このドミニコ会士の落ちである。そこには、明らかに、妻たちへの警告や教訓の下心を読み取ることができるが、見方を変えれば、それほどまでにマグダラのイメージが、当時の人々の日常生活にまで浸透していたということでもあるだろう。民衆的な伝承や想像力をも吸収しながら、マグダラは、ますます多面的な顔を見せるようになる。

これに対して、外典やグノーシスのマグダラ像への参照が見られないのは、もちろん、ウォラギネらがそのテクストの存在を知りえなかったからで、当然といえば当然のことである。しかし、これを補うかのように、子宝やわが子の安寧を願う女性たちになり代わって祈りを捧げてくれる代願者としての役割や、空中浮揚の奇跡などのエピソードが随所にちりばめられており、一三～一四世紀にかけて、この聖女への信仰が広く民衆のあいだに浸透しつつあったこと、修道女たちの模範ともなりつつあったことをうかがわせている。この問題については、次の章であらためて詳しく検討しよう。

第Ⅱ章

マグダラに倣って

（イミタティオ・マグダレナエ）

一二一五年、第四回ラテラノ公会議は、一年に一回の告解《こっかい》をすべての信者に義務づけることを決定する。この公会議はまた、托鉢《たくはつ》修道会に説教の任務が与えられたこと、化体《かたい》（ミサにおいて司祭の聖別により、パンとワインがキリストの肉と血に変じること）の教義があらためて確認されたことでも知られる。化体説はひるがえって、キリスト像をはじめとする聖画像への崇拝をますます助長することになった。つまり、懺悔《ざんげ》、説教、聖画像崇拝という、信者たちを導き、諭し、ある場合には統制することになる重大な三つの宗教的契機が一線上で結びつくのである。こうした状況のなか、マグダラのマリアは、西洋キリスト教の社会と文化にとって、それまでになく重要な位置を占めてくることになる。悔い改めた「祝福されし罪人（ベアタ・ペカトリクス）」たるマグダラのマリアは、告解と悔悛のもっとも典型的なモデルであり、説教師たちの格好の題材であり、絵画や彫刻に頻繁に登場する文字どおり偶像的な存在（アイドル）となるのである。

この章では、西洋の人々——女性ばかりとは限らない——の人格と社会性の形成にとって、いかにわたしたちの聖女が、模範（エクセンプルム）として大きな役割を演じてきたかを、中世末期からルネサンスに至るまで追跡してみることにしよう。

1　フランチェスコ修道会

最初に注目すべきは、アッシジの名高い聖者フランチェスコ（一一八二頃～一二二六年）によって創始され、一三世紀以来著しい拡張を見せた同名の修道会の場合である。この修道会にとって、悔い改めの聖女は、ひじょうに重要な位置を占める。マグダラのマリアは、何よりもまず、宗教的な感情を伝達し媒介する聖女となるのである。つまり、修道士や信者たちは、キリストの受難や復活の場面を瞑想したり、その画像や聖史劇を見たりする場合に、それらの出来事に実際に立ち会ったとされるマグダラのマリアに、自分たちの反応や感情を託したり、彼女と同一化したりするということである。たとえば、このようなフランチェスコ会の宗教的な環境のなかから生まれたものに、「ラウデ（讃歌）」と呼ばれる連禱《れんとう》形式の詩があるが、その代表作として知られる修道士ヤコポーネ・ダ・トーディ（一二三〇頃～一三〇六年）の作品では、作者自身が聖女になり代わって、次のように歌われる。

わたし、哀れなるマグダラは、
彼（十字架の主キリスト）の足元に身を投げ出し、

そこで大いなるものを獲得し、
わたしの罪を清める。
彼の足にわたしを釘《くぎ》づけにし、
もはやけっして起き上がることができないようにしてください。

福音書において、遠くからであれ（マタイ、マルコ、ルカによる）、近くからであれ（ヨハネによる）、キリストの磔に立ち会っていたマグダラは、その感情をけっしてあらわに見せることはなかったが、いまや、十字架の足元に身を投げ出して、哀悼と献身の気持ちを全身で表現することになる。実際、十字架に駆け寄り、場合によってはキリストの足元に口づけすらしているマグダラのマリアの絵は、一三世紀の後半以来、かなり頻繁に登場するようになる。十字架に身を投げ出すマグダラの振る舞いは、また、パリサイ人《びと》シモンの家の食卓でキリストに駆け寄り、その足を自分の「涙でぬらし、髪の毛でぬぐい」、さらにその足に口づけした「罪深い女」の振る舞いを連想させるものでもある。その振る舞いこそ、大グレゴリウス以来、マグダラの悔い改めと献身と愛の象徴として解釈されてきたものであった。
このマグダラに呼応するかのように、清貧と謙譲と献身の聖者フランチェスコ自身もまた、十字架の足元に駆け寄り、ひざまずく姿勢で、そしてやはり場合によっては主の足に口づけ

II―1　チマブーエ《キリスト磔刑》（1280年頃）

すらしているところを見せながら、頻繁に絵画のなかに登場することになる。さらに、マグダラとフランチェスコの二人が、ともに十字架の足元にひざまずく場面が描かれることも、けっして稀ではない。その早い例が、ほかでもなくフランチェスコ会の総本山であるアッシジのサン・フランチェスコ大聖堂の上院に、チマブーエ（一二七二～一三〇二年に記録）が描いた巨大な《キリスト磔刑》のフレスコ画（一二八〇年頃／II―1）で、傷みが激しいとはいえ、両手を大きくかざして十字架の下で絶叫するマグダラと、足元にひざまずいて口づけするかのような聖フランチェスコの姿を劇的に表現している。これらの絵を眺める修道士や信者にとって、二人の振る舞いは、倣うべきひとつのモデルとなるのである。チマブーエに続いて、同教会堂のフレスコ画装飾を手がけることになるのは、ジョット（一二六七頃～一

II―2　ジョット工房《キリスト磔刑》（1310年頃）

三三七年）の工房であるが、そのなかには、有名な聖者伝の大フレスコ画サイクルや寓意画《ぐうい》などと並んで、同教会堂の下院の内陣に描かれた《キリスト磔刑》（一三一〇年頃／II―2）がある。ここでは、十字架をはさんで、マグダラがその足元に口づけをする一方、フランチェスコは、まるで聖痕《せいこん》（キリストと同じ五つの聖なる傷）を受けとるときのように両手を広げてひざまずく姿勢で登場する。

一四世紀に著わされた作者不詳の『マグダラのマリア伝』でも、聖女はむしろ進んでキリストになり代わり、その傷を自分も引き受けたいと願う。

ああ、大いに祝福された十字架よ。わたしが、あなたになり代われたらよかったのに。我が主が、わたしの腕のなかで磔にされ、わたしの手が、彼の手に釘づけにされ、彼の心臓を貫いた

II―3　ジョット派
《キリスト磔刑》
（14世紀初め）

矢が、わたしの心臓にまで達していたらよかったのに。そうすれば、わたしは、彼とともに死に、この世でもあの世でも、けっして彼から離れることはないだろうに。

マグダラは、その愛ゆえに、身も心も十字架のキリストと一体となるのであり、フランチェスコ会の修道士たちも、その模範に倣おうとする。こうして、この「まねび（イミタティオ）」の連鎖は次々と広がっていくことになるだろう。聖フランチェスコに従って出家した聖女キアラもまた、ジョットの影響下で描かれた板絵（個人蔵／II―3）に見られるように、先人たちの例に倣って、十字架の足元にひざまずく。さらに、十字架の下のマグダラやフランチェスコのそばに、ひざまずいて礼拝する注文主が小さく描きこまれる《磔像》の作例も、数多く残されている。彼ら注文主たちも、マグダラやフランチェスコの模範に倣っているのである。歴史家ホイジンガ（『中世の秋』）が言ったように、民衆的な想像力にとって、聖者たちはまさしく生きた存在だったのである。

修道会の創成期における理論的な支柱のひとりであった聖ボナヴェントゥラ（一二二一～七四年）も、その著『生命の樹』のなかで、みずからマグダラのマリアになりたいという願望を表明して、次のように述べている。

ああ、我が神、寛大なるイエスよ、
わたしは、いかにしても、お恵みに値するものではありませんが、
どうか、わたしをお赦《ゆる》しください。
わたしは、このような出来事に居合わせるという
幸運を受けるに値するものではありません。
しかし、わたしは、それらの出来事を
わたしの心のなかで忠実に辿り直し、

あなたのことを、つまり、
十字架にかかってわたしのために命を落とした我が神のことを、経験できましょう。
それは、あなたの無垢《むく》な母と、
悔い改めたマグダラとが、
まさしくあなたの受難のときに経験した、
共感の感情なのです。

十字架を前にして、マグダラと感情を共有すること——「同情（コンパッシオ）」——こそ、まさしくボナヴェントゥラが理想としているものである。そこでは、ジェンダーの違いはほとんど問題になっているようには思われない。同じくボナヴェントゥラは、主の復活に立ち会う聖女についても、次のように述べている。

マグダラのマリアは、燃えるような心とともに生を受け、かくも甘美なる信仰に動かされ、かくも固い愛のきずなに引き寄せられたので、女性としての弱さも忘れて、夜の闇にも、迫害者たちの残忍さにも妨げられることなく、（キリストの）墓を訪れた。彼女はむしろ外に立って、墓を自分の涙でぬらした。弟子たちは逃げていったが、彼女は立ち去ろうとはしなかった。神聖なる愛の炎に燃えて、彼女は、かくも強い願望に焼かれ、抑えきれないほどの愛に打ちのめされて、泣くよりほかには何も経験することはできなかった。そして、預言者のようなことばを真実のなかで叫んだ。「わたしの涙こそ、昼と夜のわたしの糧。そして、毎日毎日、わたしに語りかける。『おまえの神はどこにいるのだ』と」。

このように、マグダラのマリアが見せる激しい感情や心理的反応は、その愛や瞑想とともに、追体験されるべき模範とみなされているのである。それゆえ、その感情を全身で表現している彼女が描かれることも、けっして稀ではない。たとえば、シエナの画家シモーネ・マルティーニ（一二八五頃～一三四四年）が描いたキリスト受難の四枚の板絵（一三三三年）は、その好い例である。《十字架の道行き》（パリ、ルーヴル美術館／II―4）、《磔刑》、《十字架降下》（アントワープ、王立美術館／II―5）、《埋葬》のいずれの場面においても、大きな身振りと激しい表情で、強烈な反応を身体全体で表わしているのが、マグダラのマリアである。彼女はまた、鮮やかな朱色の衣装を身にまとい、その長い金髪を、まるで誇示するかのように振り乱し、際立たせている。中世の聖史劇では、マグダラは朱色の衣装を身につけるのが慣例であったとされる。《十字架降下》の足元には、注文主の肖像が、小さくプロフィール

II—4　シモーネ・マルティーニ
《十字架の道行き》（1333年）

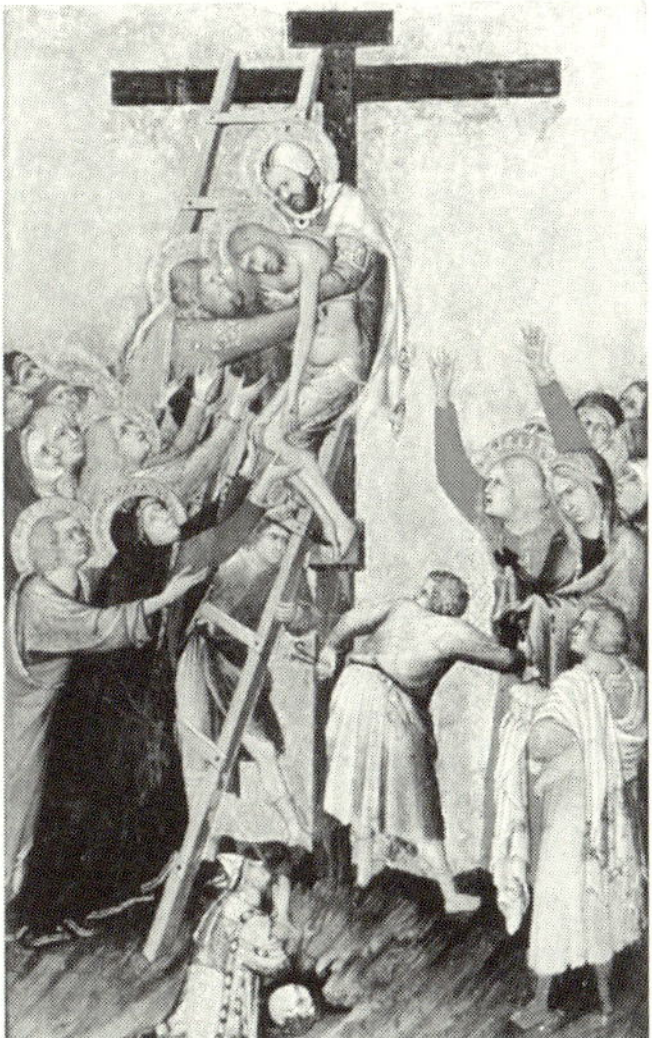

II—5　シモーネ・マルティーニ
《十字架降下》（1333年）

で挿入されている。この人物は、家紋からオルシーニ家出身の聖職者であることがわかる。そのひとりナポレオーネ・オルシーニ枢機卿《すうきけい》（一三四三年没）は、「スピリトゥアーリ」と呼ばれる、より厳格で理想主義的なフランチェスコ会の一派に属していたことが知られている。この作品の激情的ともいえるマグダラの描写は、おそらく、注文主や修道会のそうした心性を反映したものであろう。

ちなみに、ダンテ（一二六五〜一三二一年）もまた、その『神曲』の天国篇（第一一歌）において、「貧困」の擬人像を登場させ、これに、「花婿」キリストとともにその受難を分かち合いたいという願望を表明させているが、この「貧困」のイメージには、マグダラのマリアのイメージが重なっているといわれる。この場面にはまた、聖フランチェスコも登場しており、当時の《磔刑像》がダンテの霊感源のひとつになっているとも考えられる。

フランチェスコ修道会にとって、マグダラのマリアが特別の意味をもっていたことは、やはり修道会の総本山にジョット工房によって描かれたフレスコ画（一三一〇年頃）によってもまた証明される。それは、アッシジのサン・フランチェスコ大聖堂下院に位置するマッダレーナ礼拝堂の壁面を飾る聖女伝である。聖女に捧げられたこの礼拝堂を寄進したサビーナの司教ピエトロ・ディ・バッロと、聖女伝を主題とするフレスコ画をジョットの工房に依頼したアッシジの司教ポンターノの肖像が、それぞれ、マグダラと聖ルフィヌス（アッシジの最初の司教）にひざまずく姿で描かれている。

　主題は、《パリサイ人の家のキリストとマグダラ》、《ラザロの復活》（II—6）、《我に触れるな》（II—7）、《マルセイユへの航海》、《天使たちとの対話》（口絵—2）、《ゾジムスから服を受けとるマグダラ》、《聖体拝領と昇天》からなり、福音書、隠修士伝、プロヴァンスの

II—6　ジョット工房《ラザロの復活》（1310年頃）

II—7　ジョット工房《我に触れるな》（1310年頃）

伝承などが合体したマグダラのタイプに基づいている。特に《ラザロの復活》と《我に触れるな》は、これより数年前に同じくジョットが、パドヴァのスクロヴェーニ礼拝堂キリスト伝のフレスコ画連作で手がけていた主題と重なる。両礼拝堂の作例を比較するなら、ジョット工房が、基本的な構図や物語の設定の点で前作を踏襲しながらも、マッダレーナ礼拝堂では、とりわけ聖女の表現において、微妙だが巧みな変更を施していることがわかる。

たとえば、《ラザロの復活》において、マグダラは、前作ではその頭髪をヴェールですっかり隠していたが、いまやその覆いをとり払い、懇願するような視線をしっかりとキリストに向けている。《我に触れるな》でも、復活したキリストにすがりつこうとするマグダラの仕草と表情は、前作にくらべるとはるかに激しくなり、劇的で感情的にすらなっている。さらにこの主題においても、マグダラは、もはや前作のように頭髪を隠してはいない。このような変更は、おそらく意図的なもので、観賞者と物語とをつなぐ感情の媒介者としてマグダラを位置づけようとしていたフランチェスコ会の精神を、ジョットの工房は汲み取り、絵画化しようとしたと考えられる。

しかも、アッシジのこの連作では、マグダラの心理的描写ばかりでなく、その美しさもまた強調されているように見える。《パリサイ人の家》で、キリストの足に口づけをするマグダラは、豊かなその金髪を惜しげもなく観賞者にさらしている。頭髪、とりわけ女性の頭髪は、感情を表出する役目を果たすとともに、エロティックな潜在性をもつものとしても作用する。《天使たちとの対話》でも、本当ならば、長年の苦行でやつれているはずの聖女が、まだ若々しさを残す身体を、ゆったりと波打ちながら垂れる長い金髪で覆い隠し、気品すら漂う美しい横顔を見せている。それは、ひざまずく寄進者ピエトロ・ディ・バッロに優しく手を差し伸べる聖女の像についても同様である。

このジョット工房のフレスコ画は、おそらく、美しくて魅力的なマグダラを描いた最初の作品であるといっても、けっして過言ではないだろう。マグダラのパラドックスとでも呼ぶべきもの、すなわち、一方で悔悛と苦行、他方で美貌と官能性という、相反するもののせめぎあいが、すでに早くもジョットの作例においてその姿を現わしているのである。

ジョットの工房はさらに、フィレンツェのパラッツォ・ポデスタ（現在のバルジェッロ宮）でも、マッダレーナ礼拝堂に聖女伝のフレスコ画サイクルを手がけている。この礼拝堂は、プロヴァンスの領主でナポリ王のロベール・ダンジューがフィレンツェのポデスタ（中世の都市国家における執政長官で、他国の人が選ばれていた）の職にあった一三一三年から二二年のあいだに建設と装飾が実現されたもので、傷みの激しい状態で現代に伝わっているが、アッシジ作品との類似性も認められる。プロヴァンスに渡ったとされる聖女の逸話が好んで取り上げられているのは、おそらくロベール・ダンジューが事実上のパトロンであったことと無関係ではない。そのひとつ《マルセイユの君主の息子の奇跡》は、母体と引き換えに子の命を救ったのちに、その母親も蘇生《そせい》させたというマグダラの奇跡の逸話で、『黄金伝説』に採取されていたものである。

フランスのアンジュー家が、イタリアにおけるマグダラ信仰に大きな影響力をもったことは、次章でもういちど詳しく検討することになるだろう。この礼拝堂装飾はまた、《天国》の祝福された者たちの列に、発注者のロベールとともに、ダンテの肖像が登場することでも知られる。『神曲』天国篇（第八歌）でダンテは、ロベールを「法《のり》を説くべき者」と呼んでいる。同じ天国篇（第一一歌）において、「貧困」の擬人像にマグダラのイメージが重ねられていることは前にも述べたとおりだが、ナポリ王と詩人との仲を取り持ったひとりは、案外マグダラのマリアだったのかもしれない。

2 ドミニコ修道会

さて、ここでいったんフランチェスコ修道会を離れ、托鉢修道会のもうひとつの雄であるドミニコ修道会に目を転じてみよう。この修道会にとっても、マグダラが悔悛のすぐれた模範であったことに変わりはない。とはいえ、ドミニコ会がもともと重視していたのは、フランチェスコ会におけるような、マグダラとの心理的な同一化の体験というよりも、説教における教化的、教訓的な役割のほうである。

前述のように、ドミニコ会士のヤコブス・デ・ウォラギネは、『黄金伝説』において、マルセイユでのマグダラの説教の意義を強調していた。女性による伝道や説教が一般には敬遠される傾向にあったことは、ペテロのマグダラへの敵意にも象徴されるように、原始キリスト教の時代にさかのぼり、中世においても、女性の説教を禁止するお触れが何度か出されたほどだが（たとえば一一四〇年のボローニャ）、それでも、マグダラが、アレキサンドリアの聖女カテリーナ（三〇七年頃没）と並んで、初期キリスト教を代表する数少ない女性の説教者のひとりとみなされていたことに変わりはない。けっして多いとは言えないが、この主題の絵画も一三世紀の末から伝わっている。たとえば、その早い作例として、「マグダラ伝の画家」と呼びならわされている逸名画家の手になる祭壇画（一二八〇年頃、フィレンツェ、アカデミア美術館／II―8）では、真ん中の聖女をはさんで、周知のエピソードとともに、右上から二番目に、説教する聖女の場面が登場する（以後、この主題は、ゆかりの地であるプロヴァンス地方の美術でむしろ流行することになる）。ちなみに、彼女が手にする巻物には、「罪に慣れたる汝《なんじ》ら、絶望することはない、わたしの模範に従い、神へと帰れ」と、説教臭いせりふが刻まれている。

この銘も示すように、マグダラは説教の主体としてよりも、むしろ説教の材料として好まれる。マグダラというテーマは、女性を対象とした（男性による）説教にとって、格好の話題を提供してくれるものだったのである。一四世紀にドメニコ・カヴァルカが、その『教父伝』においてマグダラをどのように描き、それを女性への教訓として、どのように利用していたかは、前章の最後で見たとおりである。また、ヤコブス・デ・ウォラギネにとって、マグダラは、「悔恨（コンプンクティオ）」、「同情（コンパッシオ）」、「悲嘆（コントリティオ）」、「愛（アモル）」の模範であった。以下ではしばらく、一四世紀初めのドミニコ会説教師、ジロラモ・ダ・ピサの声に耳を傾けてみよう。

わたしたちは、肉体によって意気をくじかれています。肉体は、か弱くて脆《もろ》いものです。断食と悔悛とを恐れているのですか。マグダラに思いを馳《は》せてみなさい。彼女は女で、男よりも弱いものなのです。そのマグダラが、三二年ものあいだ、パンやワインであれ、肉や野菜であれ、人間の食べ物はいっさい口にはしませんでした。そして、瞑想と天の糧によって生き延びたと、伝えられています。彼女は、過去に肉の罪を犯し、誘惑にも屈しやすい弱い女でした。ところが、不動の山のような女になったのです。……この女は、長年のあいだ、衣服も地上の糧もなく過ごし、人と顔を合わせることもありませんでした。……マグダラを見てみなさい。肉の罪を犯し、まったく肉体に縛られていた彼女が、肉体から、至上の魂へと変わったのです。これこそが希望であり、模範であります。その魂は分別を欠いていたのですが、悪霊たちを打ち負かし、自分のなかから追い払うことができるほどになったのです。以前には悪霊が彼女を蝕《むしば》んでいたのですが、それからというもの、誘惑はなくなりました。……というわけでマグダラは、汚れた肉の罪や、あらゆる卑しい穢《けが》れに溺《おぼ》れ、煩《わずら》わされていたのです。その彼女にも、しか

II—8　「マグダラ伝の画家」による祭壇画（1280年頃）

しながら、聖霊は住んでいたのではないですか。魂の糧と瞑想によって生きていたのですから。彼女以上に聖霊に充たされた人がいるでしょうか。……これこそ、最高の模範です。この女は、どの使徒よりも先に、復活したキリストを見るという恩恵に浴すことができたのです。これは、素晴らしいことです。……愛がなければ、どんな魂も、神のもとで高潔にはなりません。愛は、純潔よりもすぐれたものです。純潔でいることは重要なことですが、愛こそが至高のものなのです。

説教師がここでことさら強調しようとするのは、悔悛以前と以後の違いの大きさである。肉の罪に溺れ、このうえなく汚れていたマグダラですら、悔悛と瞑想、苦行と断食によって、誰よりも聖霊に充たされた「至上の魂」へと変貌を遂げることができる、というわけである。その口からは、「誘惑」、「弱い女」、「卑しい穢れ」などといった手厳しいことばが次々と繰り出される。マグダラという存在は、倣うべき模範であると同時に、避けるべきことを知らせてくれる警鐘でもあるのだ。だが、その二面性ゆえにこそ彼女は、「最高の模範」となり、「希望」となる。罪が深ければ深いほど、悔悛の情は大きくなる。ドミニコ会はこのように、悔悛の完璧《かんぺき》なモデルとして、マグダラのイメージを宣伝していく。女性の「純潔」というステレオタイプは、ここにも登場している。マグダラのように「純潔」を失ったものは、神への「愛」によって、それを償うことができるのだ。

ジロラモ・ダ・ピサはまた、悔い改めのマグダラについての別の説教で、「涙」の意義を説いている。いわく、人は悲しいときにも、うれしいときにも涙を流すものだ。マグダラの涙には、この二重の意味がある。「まず最初は、罪に嘆き、多くの涙を流した。そして次に、砂漠に退き、天国での祝福された生活を瞑想した」。地上のあらゆる糧に嫌気のさした彼女は、「食べ物はもとより、水すら口にすることはなく」、涙だけで生きた。「涙の力がどれほどのものか、ごらんなさい」、という。ここでマグダラの涙は、悔い改めの涙であると同時に、心の糧でもある。それはまた、洗礼の水とも関連している。なぜなら、アダムとエヴァ以来の人間の罪を洗い流して生き返ることが、洗礼にほかならないからである。それゆえ、《キリスト磔刑》や《悔悛のマグダラ》の場面で、頬を伝う涙がくっきり描かれた聖女にしばしば出会うのも、けっして偶然ではない。ジョヴァンニ・ダ・ミラノ（一三四六～六九年に記録）の《ピエタ》（一三六五年、フィレンツェ、アカデミア美術館／II－9）は、一四世紀後半のマグダラのなかでもっとも印象的なものである。変色しているとはいえ、聖女の涙の跡がその眼下にはっきりと見える。彼女はここでもその美しい金髪を誇っており、ヴェールで頭を包んだ聖母と対照的だが、けっして激することはなく、悲しみにじっと耐えている。

一四世紀のドミニコ会修道士が、特にマグダラの「涙」について説いていたことは、また、この聖女の将来を予告するものでもある。というのも、「教会の改革」を掲げてフィレンツェの政治を一時期牛耳ることになるドミニコ会士、ジロラモ・サヴォナローラ（一四五二〜九八年）とその支持者たちは、当時、「泣き虫派（ピアニョーニ）」というあだ名で呼ばれ

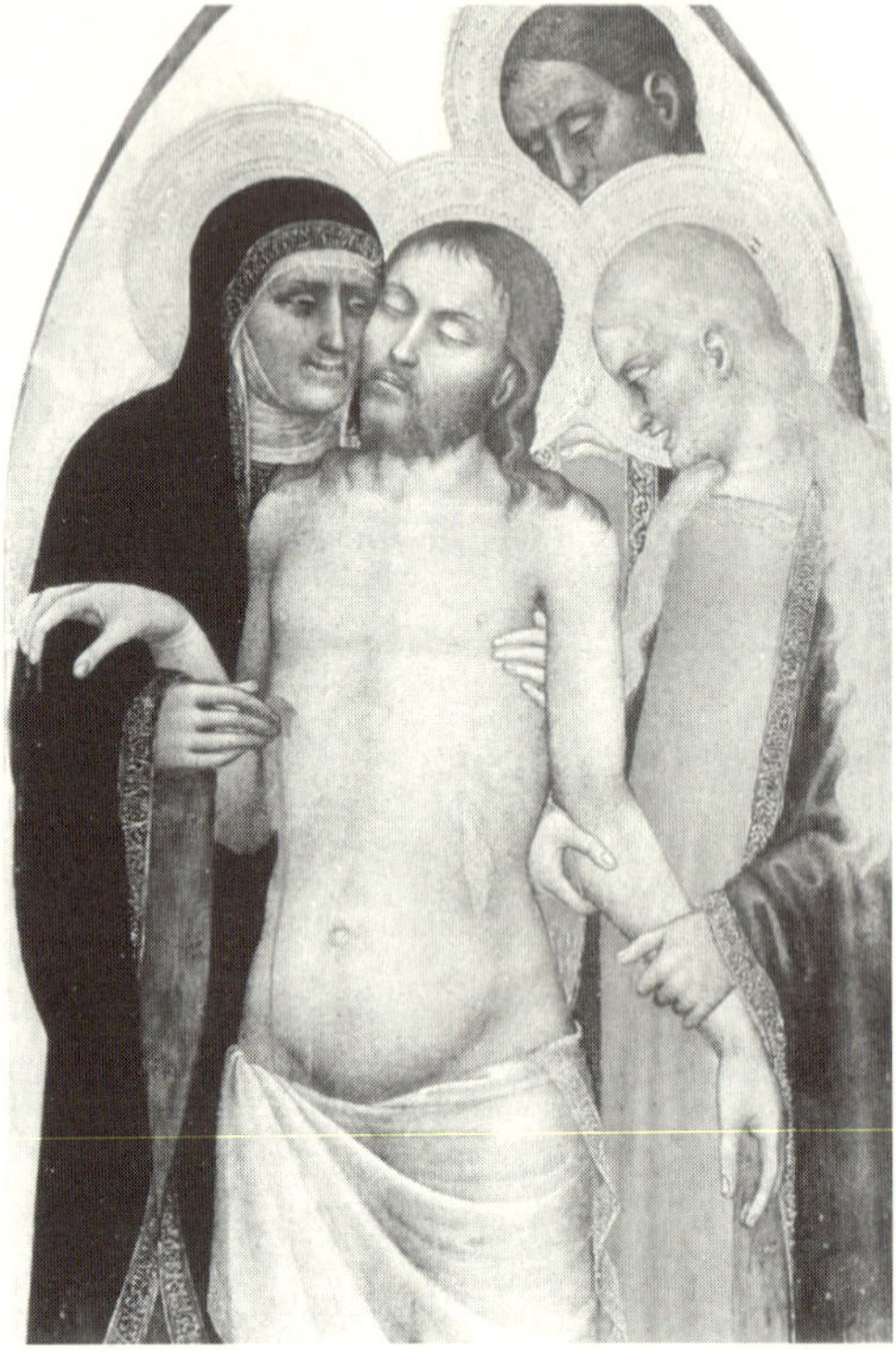
II—9　ジョヴァンニ・ダ・ミラノ《ピエタ》（1365年）

ていたからである。この一派とマグダラのマリアとの、隠された、しかし親密な関係については、節を改めてすこし後で検討することにしよう。

ここまでわたしたちは、マグダラを利用しプロモートしようとする宗教的な戦略をめぐって、フランチェスコ会とドミニコ会をあえて対照的に論じてきた。しかし、両者の違いを強調するのは、必ずしも適切ではない。なぜなら、フランチェスコ会側も、マグダラを説教の題材として取り上げていたし、ドミニコ会側も、マグダラとの心理的同一化という瞑想の手法を、利用しなかったわけではないからである。

たとえば、フランチェスコ会の説教師として知られるベルナルディーノ・ダ・シエナ（一三八〇〜一四四四年）もまた、マグダラを説教の題材として好んで取り上げていた。その説教では、悔い改めや瞑想を勧めるためばかりか、衣服や化粧、不品行や売春やソドミーを断罪するためにも、マグダラが利用されている。マグダラの美貌や富こそが、その堕落の原因であったとみなされる。だが、「彼女には、繊細な資質と生まれながらの品が具《そな》わっていた。……別の機会にも述べたように、生まれながらに品と資質が具わっていればいるほど、人は、善と悪をすばやく見分けられるようになるのである」。実際、その名前「マッダレーナ」は、「明るい＝啓発された（イッルミナータ）」を意味しており、彼女が「驚くべき生来の才能を有していた」ことを示しているのだ、と。このようにベルナルディーノは、いったんは持ち

II—10　カルロ・クリヴェッリ《モンテフィオーレ祭壇画》（1472年）

上げておいて、しかし、結局のところは、彼女には、アウグスティヌスによって同定された「女性らしい徳の四つの見張り」が欠けている、と述べる。それは、「神への畏《い》敬《けい》」、「男性の監視」、「公衆の前での控え目と当惑」、「法による処罰への恐れ」である。ベルナルディーノの説教は、マグダラを持ち出すことで、それを聴く女性たちを諭し、統制し、場合によっては抑圧するといった性格を、いっそう強く帯びていると言えるだろう。

だが、マグダラはもっとしたたかである。そんな説教にはお構いなく、むしろ豪華に着飾って登場することがあるのだ。カルロ・クリヴェッリ（一四三五頃～九四年頃）の聖女はその好例で、《マグダラのマリア》（一四八〇年以降、アムステルダム、国立美術館／口絵―3）のなかの彼女は、何ら物怖《ものお》じすることなく、刺繡《ししゅう》入りの豪華な衣装に身をくるみ、大粒の真珠の髪飾りをつけて現われる。これは、とりわけ女性の信者たちに向けた警告なのだろうか。彼女はかくも虚飾に溺れている、だから皆さんも気をつけなさい、という。たしかに、同じ画家による《モンテフィオーレ祭壇画》（一四七二年、モンテフィオーレ・デル・アーゾ、サンタ・ルチア聖堂／II―10）のなかの聖女の場合でも、豪華な袖に孔雀《くじゃく》とおぼしき模様の刺繡がほどこされていて、それは、着飾ることの空しさを象徴しているように見える。しかし、話はむしろ逆なのではないだろうか。彼女ですらこれほど着飾っているのだから、自分たちだってお洒落《しゃれ》をして悪かろうはずはない、当時の裕福な女性たちのほとんどは、この種の絵を見てそう考えたにちがいない。つまり、このようなマグダラのイメージは、裕福な女性たちにとっては、贅沢《ぜいたく》や奢侈《しゃし》の口実となっていた可能性が高い、ということである。それでもマグダラは救われたのだから。当時、イタリアの各都市国家で何度も発令された奢侈禁止令が、ほとんど功を奏さなかったのも、おそらく理由のないことではない。

さて、ここでドミニコ会にふたたび目を転じるなら、フィレンツェのサン・マルコ修道院でわたしたちは、自身が修道士でもあった画家ベアト・アンジェリコ（一三八七／八八～一四五五年）によって描かれた、《聖ドミニクスのいる磔刑像》（一四四〇年頃／II―11）のフレ

II—11　ベアト・アンジェリコ
《聖ドミニクスのいる磔刑像》
（1440年頃）

スコ画に出会うことになるだろう。つまり、キリストの十字架の足元にひざまずいたり、すがりついたり、口づけしたりという、かつてはマグダラのマリアや聖フランチェスコが演じていた役が、いまやドミニコ会の創設者にも回ってきたのである。このような変化の背景には、サン・マルコ修道院の設立者で、フィレンツェの大司教でもあった、聖アントニーノの存在が大きくかかわっている、といわれている。聖アントニーノにとっても、マグダラは、悔い改めと自己犠牲と祈りのすぐれた手本であった。それゆえ、聖ドミニクス（一一七〇頃～一二二一年）のみならず、ついにはアントニーノ本人も、偉大な先人たちの模範に倣って、十字架の足元にひざまずく姿で描き出されることになる。

しかも、聖アントニーノによれば、一般にそう信じられているような、肉の罪に溺れるマグダラというイメージは信じがたいもので、大切なのは、彼女の告解、瞑想、苦行のほうであった。時はちょうど、フィレンツェの洗礼堂にあるドナテッロのマグダラ像が制作された頃で、この作品の禁欲的な聖女のイメージは、聖アントニーノの思い描く理想に近いものだったにちがいない。ベアト・アンジェリコがサン・マルコ修道院に残した聖女のイメージも、どちらかというと礼節をわきまえた抑制の利いた姿でとらえられている。たとえば、僧室のひとつに描かれた《我に触れるな》（II—12）では、マグダラは、けっして感情をストレートに示すことはなく、むしろ事実を冷静沈着に受け止めようとしているように見える。

II—12　ベアト・アンジェリコ《我に触れるな》（1440年頃）

　ベルナルディーノと違って、マグダラの肉の罪をことさらに強調することに異を唱えたアントニーノではあったが、エヴァの末裔である女性が罪に陥りやすい存在であるとみなしていた点では、やはり人後に落ちるわけではない。だからこそ、マグダラの悔悛の模範に倣うべきだと考えるのである。この世に生きる女性の罪が不可避のものだとすれば、見習うべき最上のモデルはマグダラにある、というわけだ。

3 信者会（コンフラッテルニタ）とマグダラ

ここまでわたしたちはおもに、托鉢修道会を代表するフランチェスコ会とドミニコ会において、マグダラのマリアがどのような役回りを演じていたかを見てきた。だが、彼女の活躍の場は、これら修道会のなかに限られるわけではない。こうした修道会の勃興《ぼっこう》と結びついて、特に一三世紀の後半以来、中部イタリアを中心に、「フラジェッランティ」とか「ディシプリナーティ」とか「バットゥーティ」とかと呼ばれる（いずれも「鞭《むち》打ち苦行会」という意味をもつ）、平《ひら》信徒たちによる贖罪《しょくざい》の「信者会（コンフラッテルニタ）」が広まったが、ここでもマグダラは、象徴的な役割を果たしているのである。

「信者会」という組織は、托鉢修道会の強い影響下で生まれ、その後援を仰ぎつつも、聖職者でも修道士でもない一般の市民たちによって組織、運営されていたもので、おたがいの信仰を盛り立てあい、悔悛や贖罪や慈善運動を奨励するとともに、日常生活のさまざまな機会でたがいに助け合ったり、祝祭に参加したり、祭壇画や典礼具を発注したりと、多彩な活動を展開していた。こうした「信者会」は、中世末期からルネサンス時代の都市市民にとって、家族とともに、あるいは場合によっては家族以上に重要な単位であった。ある意味で彼らの生活は、揺りかごから墓場まで、精神と物質の両面において、「信者会」とひじょうに密接に結びついていたといっても、けっして過言ではない。また、それぞれの「信者会」の構成員は、しばしば複数の職業や社会階層にまたがっていて、特定の教区や地域にも縛られてはいなかった。ちなみに、子どもたち（ファンチュッリ）によって組織された「信者会」もあったほどで、楽しみかつ学ぶという一種の教育目的の組織として、一五世紀のフィレンツェではこれが大いに流行した（たとえば「大天使ラファエル信者会」などがある）。

さて、「鞭打ち苦行会」は、その名のとおり、常日ごろから受難のキリストを見習い、悔い改めることを奨励する団体で、聖母マリアの讃歌を詠う市民からなる「讃歌会（ラウデージ）」などとともに、「信者会」のなかでももっとも古い伝統をもつ組織として、一三世紀の後半にまず、フランチェスコ修道会の影響の濃いウンブリア地方に産声を上げ、その後、イタリアの各地に広まっていった。

こうした団体は、自分たちの結束の証として、しばしば旗章を所有していて、祭日の行列などの折には、メンバーの先頭にそれを掲げて行進した。そうした旗絵のひとつに、マグダラのマリアを描いたものが今日まで伝わっている。スピネッロ・アレティーノ（一三三三頃～一四一〇年）の手になる旗絵（一三七五年頃、ニューヨーク、メトロポリタン美術館／II―13）がそれで、ウンブリア地方の町、ボルゴ・サンセポルクロの「鞭打ち苦行会」のために描か

II—13　スピネッロ・アレティーノ《守護聖人としてのマグダラ》旗絵（1375年頃）

れたものである。これまで述べてきたことを念頭に置くなら、マグダラのマリアが、悔い改めを信条とする「信者会」の守護聖人として選ばれたとしても、けっして不思議ではないだろう。天使たちの合奏のなか、威厳ある聖女が、右手に自分の持物《じぶつ》（アトリビュート）である香油の壺を、左手に磔のキリスト像を握って、厳粛な面持ちで玉座にすわっている。この堂々たる図像は、「恩寵《おんちょう》の玉座」と呼ばれる聖三位一体のそれを連想させるところさえあるが、おそらく画家は、この旗絵を制作するにあたって、そのことを意識していたにちがいない。聖女の足元の両脇には、「鞭打ち苦行会」に典型的な、真っ白い衣装に全身くるまった四人のメンバーが、小さくひざまずいて合掌している。その衣装の肩には、彼らの帰属を示す、マグダラの壺の模様がほどこされていることも、見逃さないでおこう。

通常、「鞭打ち苦行会」のメンバーは男性に限られていて、この絵の四人も明らかに男性であるが、だからといって、女性を守護聖人として仰ぐことが妨げられるわけではない。「鞭打ち苦行会」では、ある種の興味深いジェンダーの交差が起こっているのである。聖ボナヴェントゥラは、受難の瞑想において、みずからマグダラのマリアになり代わりたいと述べていたが、このようなフランチェスコ会の心性が、平信徒の組織にまで浸透していた、と考えることもできるだろう。この旗絵の裏面には、同じ画家によって、《キリストの鞭打ち》が描かれている。

北イタリアのベルガモにも、おもしろい作例が残されている。やはり白い衣で全身をつつんだ「鞭打ち苦行会」のメンバーたちが、マグダラの大きなマントの下でひざまずく様子を描いた、作者不詳の一四世紀半ばのフレスコ画（サンタ・マリア・マッダレーナ聖堂／II—14）がそれである。その先頭にいるメンバーは、キリストの磔像を掲げている。この図像は、明らかに《慈悲の聖母》と呼ばれる図像に依拠している。つまり、聖母マリアがマントを広げて、その下に、男女を問わずさまざまな階層の市民たちを庇護《ひご》するという、「母性」を象徴する図像である。実際、他の市民や聖職者たちとともに、「鞭打ち苦行会」のメンバーたちが、聖母の大きなマントの下に庇護されているといった図像も存在している。モンテプルチャーノのピエトロ・ディ・ドメニコ（一四一八〜二二年に記録）作の板絵（アヴィニョン、プ

II―14　作者不詳《「鞭打ち苦行会」のメンバーをマントで守るマグダラ》（14世紀半ば）

II―15　ピエトロ・ディ・ドメニコ《慈悲の聖母》板絵（15世紀初め）

チ・パレ美術館／II―15）がそれで、いちばん手前にひざまずいた八人のメンバーは、丸く開いた背中をみずからの手で鞭打っている。このように、マグダラと聖母とは、「鞭打ち苦行会」にとって、交換可能な守護者であったにちがいない。聖ボナヴェントゥラが、前に引用した『生命の樹』の一節において、「あなたの無垢な母と／悔い改めたマグダラとが／まさしくあなたの受難のときに経験した、／共感の感情なのです」と詠い、二人を対等に並べていたことを、ここであらためて思い出しておこう。

マグダラと「信者会」との関係で、もうひとつ忘れてならない作例は、ボローニャのサンタ・マリア・デッラ・ヴィータ聖堂にある、テラコッタの彫像群《死せるキリストへの哀悼》である。この作品は、当地の「鞭打ち苦行会」である「サンタ・マリア・デッラ・ヴィータ信者会」によって注文され、この種のジャンルを得意とした彫刻家ニッコロ・デッラルカ（一四三五頃〜九四年）によって、一四六三年に完成された。現在、この彫像群は、主祭壇右の奥に設置されているが、もともとは教会堂扉口近くに位置していた（一五八六年に現在の位置に移動された）。

中央にキリストの遺体が横たえられ、それを取り巻くように、向かって左から、アリマタヤのヨセフ、マリア・サロメ、聖母マリア、福音書記者ヨハネ、クロパの妻マリア、そして右端にマグダラのマリア（II—16）が、いずれもほぼ等身大で配置されている。まるで芝居の一場か活人画（タブロー・ヴィヴァン）を見るようなこの作品を前にすると、わたしたちは、まずその迫力と迫真性に圧倒される。おそらく当時の人にとって、ここを訪れることは、聖地巡礼を疑似体験することでもあり、その臨場感は、現在のわたしたちの想像を絶するほどのものだったであろう。

とりわけ印象的なのは、四人の女性たちが見せる嘆きの身振りと表情である。なかでも、衣とヴェールを大きくたなびかせて、今まさにキリストに飛びつきそうな激しい動きと、そ

II—16　ニッコロ・デッラルカによる彫刻（1463年）

の声すら聞こえてきそうな絶叫の表情をさらけだしたマグダラは、真っ先にわたしたち観賞者の目に飛び込んでくる。感情をあらわにしたその姿は、じっと悲しみをこらえているかのような福音書記者ヨハネと、まさに好対照をなしている。また、《埋葬》や《哀悼》の絵や彫刻でよく起こるように、アリマタヤのヨセフには明らかに実在の人物の肖像が重ねられていると考えられるが（「信者会」の中心メンバーであろう）、その彼も、感情に身を任せてはいない。つまり、キリストの死を前にして、男性と女性の反応の違いが極端なまでに強調されているのである。

当時、現実の葬礼においても、激しい身振りや表情で哀悼の気持ちを表わすことは、「適正（デコールム）」に欠ける異教的な風習として、とりわけ男性には禁止される傾向にあった。いわゆる「泣き女」の仕草を連想させるからであろう。また、一般に女性たちには、公の場ではなくて、人目につかないように家庭で死者を悼むことが求められていた。慎みに欠ける行為として、実際の葬礼からは締め出されていた激しい感情の表出が、マグダラのマリアの姿を借りて一気に噴出したのが、ニッコロ・デッラルカの作品である。「同情（コンパッシオ）」と「悲嘆（コントリティオ）」のモデルであるマグダラには、それを受け入れる準備ができていた。逆に言うなら、当時の人々は、激しいマグダラを表現したり見たりすることによって、現実において抑圧されていたものを解き放ち、発散していたのであろう。

II—17　グイド・マッツォーニによる彫刻（1489～92年）

とりわけ一五世紀後半から一六世紀の前半にかけて、ハイパーリアルで活人画的なこの種の彫像群はかなり流行したようで、今も北イタリアの各地に点在している。ニッコロの跡を継いで、このジャンルをもっとも得意とした彫刻家は、グイド・マッツォーニ（一四五〇頃～一五一八年）で、すくなくとも四例がほぼ完全な状態で残されている。それらのいずれにおいてもやはり、哀悼のさまざまな段階が登場人物たちに割り当てられているが、いちばん激しい身振りと表情を見せるのは、言うまでもなく、いちばん若いマグダラのマリアである（一四八九～九二年、ナポリ、サンタンナ・アイ・ロンバルディ聖堂／II—17）。このような作品はおそらく、ジェンダーや年齢、さらに場の「適正」に応じて、観賞者たちに哀悼のモデルを提供していたのであろう。

4 聖女たちの模範としてのマグダラ

一三〜一五世紀は、聖女や福者たちがヨーロッパの各地に輩出し、大活躍した時代だが、マグダラのマリアは、彼女たちにとってもまた特別の存在であった。発心、悔い改め、贖《あがな》い、苦行、断食、自己犠牲、慈善、看病、瞑想、神秘的体験など、彼女たちの生活のおよそあらゆる機会において、マグダラはひとつの貴重なモデルを提供する。たとえば、コルトーナのマルゲリータ（一二四九〜九七年）は、その意味で典型的なケースであろう。

コルトーナの比較的裕福な家に生まれたにもかかわらず、家族の愛情に恵まれなかったマルゲリータは、近隣の町モンテプルチャーノの貴族の若者の愛人（内縁の妻）となり、ひとりの息子をもうける。ところが、愛人の突然の死により、屋敷を追い出され支えを失った彼女は、実家に戻ろうとするが、継母からけんもほろろにあしらわれ、コルトーナの地で贖罪に身を捧げることになる。彼女にとって、一粒種の息子ですら、愛情の対象というよりも、犯してきた罪の生きた証人のようにすら思われてきて、ついには出家することになる。最初は、病人の介護や産褥《さんじょく》にある母親たちの手助けにあたっていたが、晩年は、サン・バジリオ聖堂に引きこもってしまう。そして、俗世との関係を断ち切ったこのときから、神秘の花嫁として、合体の悦びを体験するようになり、悪魔との闘いの末に世を去ったといわれる。

罪深い俗世での生活と悔い改め、隠遁《いんとん》と神への献身、苦行と神秘の体験など、マルゲリータの生涯を彩るエピソードは、マグダラのマリアと似通ったところが少なくない。一般に、男性の聴罪司祭によって著わされた女性の神秘家たちの伝記は、すでによく知られている聖人伝の図式のなかに当てはめて語られることが多く、その意味で、ステレオタイプ化していく傾向にあったが、その際にもマグダラのマリアは、ひとつのモデルを提供していたのである。ちなみに、マルゲリータの伝記は、フラ・ジュンタ・ベヴェニャーティというフランチェスコ会の聴罪司祭によって、彼女が世を去った一二九七年から一三〇七年頃に著わされたといわれる。罪と悔悛が強調されるのは、語り手が、ほかでもなく聴罪司祭であったということと、無関係ではない。女性たちのことばは多くの場合、男性によって検閲され、解釈されていたのである。

神秘や幻視の体験についても、マグダラはそのモデルを提供する。マルゲリータの幻視のなかに顕われるキリストは、彼女に、すぐれた先達であるマグダラの模範に倣うように勇気づける。その顚末《てんまつ》は、以下のごとくである。あるとき聖体拝領を受けていると、キリストが顕われて、マルゲリータにこう告げる。「娘よ、わたしは、おまえを熾《し》天使（セラフィム）とともに置こう」。あっけにとられた彼女が答える。「主よ、どうしてそれがかないましょう。わたしは大きな罪を犯してきましたのに」と。主は彼女を励まして言う。「娘よ、おまえが受けた多くの罰のおかげで、おまえの魂からは、あらゆる汚れが一掃されることだろう。おまえの悔い改めのおかげで、処女のようにおまえの純潔は回復されるだろう」。それでもまだマルゲリータは、自分が熾天使とともに天に昇ることが信じられない様子で、こう尋ねる。「主よ、あなたはマグダラのマリアもまた、天上の栄光のなか、処女たちのあいだに置かれたのですか」と。最後にキリストがたたみかけて言うには、「処女マリアと殉教者カテリーナ（アレキサンドリアの聖女）を除いて、マグダラのマリアほど偉大な者は、処女たちの合唱隊のなかにはいないのだ」。

マグダラのマリアの模範に倣い、贖罪を実践することによって、失った肉体の純潔を魂によって取り戻すことができる。そうすれば、マグダラのように天に昇ることすら可能になる。もちろん、この話は男性の聴罪司祭によって語られたもので、その意味で偏向のあることは否めないが、修道女たちにとって、マグダラがいかに大きな役割を果たしていたかを物語るエピソードであることに変わりはない。またマルゲリータに限らず、神秘体験や幻視は聖体拝領がきっかけとなって誘発されることが多い。というのも、この儀式は、キリストの肉と血を象徴するパンとワインを、文字どおり口に入れるものだからである。まして、断食の苦行のなかにある者にとって、それがどれほど大きな効果をもつことになるかは、わたしたちの想像を絶するほどであろう。

マルゲリータの生涯は、一四世紀の半ばには早々と、彼女に捧げられたコルトーナの教会堂の壁面に大きくフレスコ画で描かれていたことがわかっているが、残念ながら、一七世紀のコピーが伝わるのみである。右の神秘体験の話を描いた一場は、明らかに、天使によって持ち上げられるマグダラの空中浮揚の図像が下敷きになっている。

一方、ドミニコ会の第三会（出家することなく、世俗にとどまったまま信仰生活を送る「家庭のなかの修道女」）の聖女として知られるシエナのカテリーナ（一三四七〜八〇年）は、生涯結婚することなく純潔を守り、その点では、「罪深い女」マグダラとはまったく対照的であったが、それにもかかわらず、彼女にとってもマグダラは重要な存在であった。カテリーナの聴罪司祭で、やはりその伝記を著わしたカプアのライムンドゥスによると、キリストは、マグダラを母としてカテリーナにさしだし、マグダラに彼女の面倒を見させようとしたという。カテリーナは、謙虚に喜んでこの勧告を受け入れ、マグダラへの敬意を表わし、主によって託されたのだからよろしく面倒を見てくださいと願う。このときから、カテリーナは、母としてのマグダラと一体になったように感じたという。またカテリーナも、マグダラのように空中浮揚を体験し、十字架に駆け寄るマグダラに祈りの模範を求めていた。

マグダラが、「家庭のなかの修道女」や出家した修道女のモデルとなっていたことを、間接的に見せてくれる興味深い絵がある。通称ジョッティーノと呼ばれる一四世紀半ばのフィレンツェの画家による《死せるキリストへの哀悼》（フィレンツェ、ウフィツィ美術館／II—18）がそれである。横たわるキリストの足元で合掌しているのがマグダラ。そのかたわらには、この絵を注文した当人と思われる女性（衣装から判断すると、いまや未亡人で、「家庭の修道女」となっている）と、その娘の肖像が描かれている。二人は、対照的な身なりをしていて、それぞれ背後の聖者に守られているが、ともにマグダラに倣うようにして、そのとなりにひざまずいているのである。

もうひとり、今度は一五世紀のローマから、マグダラを模範と仰いだ修道女の例を挙げておこう。聖母献身修道会士（オブラーテ）のフランチェスカ・ロマーナ（一四四〇年没）がその人である。ローマのトル・デ・スペッキ修道院には、その生涯を著わした彼女の聴罪司祭ジョヴァンニ・マッティオッティの伝記（一四六九年）に基づいて、二五場面のフレスコ画（アントニアッツォ・ロマーノの工房作、一五世紀後半）が残されている。そのうちフランチェスカの幻視を描いた三つの場面、《聖母に迎えられるフランチェスカ》、《幼児キリストを抱

II—18　ジョッティーノ《死せるキリストへの哀悼》（14世紀半ば）

くフランチェスカ》、《キリストの腕に迎えられるフランチェスカ》において、マグダラは、彼女の守護聖人として重要な役割を演じている。

前二つのエピソードはまた、一五世紀後半の匿名の画家によって板絵（ニューヨーク、メトロポリタン美術館／II—19／II—20）にも描かれている。そのいずれにおいても、マグダラは、聖母子とフランチェスカとを橋渡ししてくれ、見守ってくれる存在として登場する。そのひとつ、フランチェスカが聖母からマントを掛けられる幻視では、マグダラは聖ベネディクトゥス（四八〇頃～五五〇年頃）とともに、白い大きな幕を広げて、奇跡に見入る献身修

II—19　作者不詳《聖母に迎えられるフランチェスカ》（15世紀後半）

II—20　作者不詳《幼児キリストを抱くフランチェスカ》（15世紀後半）

道会の修道女たちを庇護している。もう一枚では、天上で、幼児キリストを抱くフランチェスカを祝福するかのように、マグダラが、聖ペテロと聖ベネディクトゥスとともに顕われている。マグダラは、神秘や幻視の体験の模範であるとともに、そのなかに登場してくる天上人でもあるのだ。

5　サヴォナローラとマグダラ

悔悛のマグダラへの信仰はまた、ドミニコ会の説教師ジロラモ・サヴォナローラにも顕著に現われている。周知のように彼は、フィレンツェのサン・マルコ修道院長で、メディチ家追放のときには、改革の理想を掲げて一時期（一四九四～九八年）この町の実権を握った人物である。

その説教にはしばしばマグダラが登場し、彼の支持者たちは、マグダラが流す悔悛の涙との連想から「泣き虫派（ピアニョーニ）」とあだ名された。また、このドミニコ会士は、聖女に捧げた「マグダラのマリアのラウデ（讃歌）」なるものも著わしている。その一部を抜粋しよう。

かの険しき山に登り、
そこでマグダラは瞑想する。
甘美なる歌とともに、
神聖にして晴れやかな心をもって、わたしたちもそこに行こう。
恩寵に充ちあふれる神を
讃える歌をうたいながら。
天上の合唱とともに、
いとしい花嫁が、わたしたちを天に運んでくれる。
罪人たちよ、ごらんなさい、
かつてはそれほどまでに俗世にまみれていたかの女を。
聖なるマリア（マグダラ）は、あなたがたに、
深い哀れみのこもった高い霊感を示しているのだ。
彼女の苦しみは完全に、
天上の調べへと変わる。
神々しい花婿によって、
彼女は、甘美にして喜ばしい花嫁へと変わる。

ナザレの人（キリスト）のいとしい顔を前に、
彼女は、宙に浮く。
その全霊は熱く燃え、
彼女は愛を抑えることができない。

サヴォナローラはここで、伝統にのっとって『雅歌』の「花嫁」にマグダラをなぞらえ、またすでに図像でも普及していた空中浮揚のなかに、彼女の「愛」のクライマックスを見ている。こうした「讃歌（ラウデ）」は、「泣き虫派」の人たちによって、四旬節（復活祭前の四〇日間、肉食などを慎んで、心身を清める）の行列などで詠われたもので、この風習自体、メディチ家支配の時代の異教的なカーニヴァル（謝肉祭。四旬節に先立っておこなわれる祝祭）に代えて、ドミニコ会士が復活させたものであった。彼はまた、「天の輝きイエス」というラウデも編んでいるが、そのなかでは、十字架の足元にしがみつき嘆くマグダラが、次のように歌われている。

天の輝きにして生ける光、
神聖にして幸福なる愛、

甘美なるすべての涙と、
あらゆる恩寵の泉にして大河であるイエスよ、
あなたはわたしの心をかくも燃え上がらせるがゆえに、
わたしは、マリア（マグダラ）とともに、聖なる足元で嘆き、
いついかなる時も、あなたに心奪われ引き止められるだろう。

画家ボッティチェッリ（一四四五～一五一〇年）が、晩年にサヴォナローラの改革運動に共鳴したことはよく知られている。その痕跡をもっともよくとどめているのが、《神秘の十字架》（ケンブリッジ、フォッグ美術館／II―21）と呼び慣わされている作品であろう。黙示録的な雰囲気の漂うこの絵は、ちょうどドミニコ会修道士の影響がピークに達していた一四九七年頃、その支持者「泣き虫派」の一員によって注文されたと考えられている。まさにサヴォナローラのラウデに歌われていたように、マグダラは、全身を投げ出して十字架の足元に抱きついている。その奥には、ブルネッレスキ（一三七七～一四四六）のサンタ・マリア・デル・フィオーレ大聖堂大円蓋《だいえんがい》とジョットの鐘楼によって識別されるフィレンツェの町が遠望されるが、悔悛のマグダラはまさしく、かつてのメディチ時代を悔い改めるこの町そのものを象徴している。恐るべき暗雲が立ち込める画面右では、悪魔たちが雲間から炎の矢を放

II—21
ボッティチェッリ
《神秘の十字架》
(1497年頃)

ち、メディチ家のもとで異教的な文化に浸っていた当代のバビロンに、神罰が下されようとしていることを暗示している。

マグダラのかたわらにはひとりの天使が立っていて、なにやら一匹の獣を懲《こ》らしめている様子である。一方、マグダラの衣からは、もう一匹の獣が逃げ出している。前者は、悪徳を意味する『雅歌』のなかの「ブドウ畑を荒らす小狐」(2:15)とも、異教的な放縦さの象徴とも、またフィレンツェの町の紋章(エンブレム)であるライオンとも解釈され、後者は、腐敗を表わすオオカミとされてい

II―22　フィリッピーノ・リッピ《サマリアの女》（左）と《我に触れるな》（右）（1500年頃）

る。いずれにせよ、マグダラがその涙の悔悛によって救われたように、フィレンツェも「泣き虫派」による悔い改めによって救済される、というわけである。怒りの矢から守られる町の上方には、祝福の父なる神が顕現している。

同じ頃、フィレンツェでは、やはりサヴォナローラの影響下で、独特のマグダラ像が描かれている。たとえばフィリッピーノ・リッピ（一四五七頃～一五〇四年）による《プリエーゼの三連画》（一五〇〇年頃、ヴェネツィア、マンフレディーニ画廊）では、別の画家の手になる真ん中の《ヴェロニカの布》のキリストをはさんで、《我に触れるな》と《サマリアの女》（II―22）が配されている。ひとりは娼婦、もうひとりは五人の夫をもった妻、だが二人とも悔悛と純真な信仰によってその罪が赦され、キリストに従った女性である。サマリアの女は、姦淫の女とともに、その素性から、マグダラとの連想を誘いやすい存在であったが（第I章を参照）、この作品で二人は、はっきりと並行関係に置かれているのである。この絵を注文したフィレンツェの商人フランチェスコ・プリエーゼは、「泣き虫派」の一員であったことが知られている。

一四九八年、サヴォナローラはシニョーリア広場で火刑に処せられることになるが、その影響は、たんにその生前にとどまるものではない。その後も、とりわけ修道院や第三会（「家庭のなかの修道女」）の環境において、長く持続していく。カテリーナ・デ・リッチやマッダレーナ・デ・パッツィら、マグダラを模範と仰ぐ聖女たちが一六世紀のフィレンツェに輩出するのも、それゆえ偶然ではない。

第III章
娼婦たちのアイドル

Maria Maddalena

托鉢修道会の活動とともにマグダラのマリアへの信仰が盛り上がりを見せる一三世紀の初頭は、また、「コンヴェルティーテ」と呼ばれる、回心して足を洗った娼婦たちを収容するための修道院や施設が、この聖女を守護者と仰いで、ドイツ、フランス、イタリアなどヨーロッパの各地に本格的に建設されはじめた時代でもあった。ほかでもなくマグダラ自身が、キリストによって悔い改めた娼婦であった、とみなされていたからである。そのもっとも早いとされるものは、ドイツの説教師ヴォルムスのルドルフによって一二二五年頃に設立された「マグダラのマリア悔悟者会」で、これは二年後の一二二七年に教皇グレゴリウス九世によって正式に承認された。イタリアでも、一二五五年に、ローマのサンタ・マリア・ソプラ・ミネルヴァ聖堂内に、教皇アレクサンデル四世の命により、回心した娼婦のための施設が建設され、一二五七年にはフィレンツェの、現在のボルゴ・ピンティ地区（「ピンティ」は、「悔悟者」を意味する「ペニテンティ」の短縮形）に、サンタ・マリア・マッダレーナ・ペニテンテ修道院が設立された。

この章では、回心した娼婦たちのいわばアイドル的存在として、わたしたちの聖女がどのように表象され、どんな役回りを演じさせられていたかを、一四世紀から一七世紀まで、おもに美術作品の検討を通して辿ってみることにしよう。娼婦をめぐる社会の状況、心性の変化といったものが、そのなかからはっきりと透かし見えてくるはずである。

1　一四世紀のナポリ

前章でわたしたちは、ナポリを支配していたフランスのアンジュー家が、イタリアにおけるマグダラ信仰に大きな影響力をもっていたことを見てきたが、この環境のなかで制作された興味深い作品が残されている。当時としては珍しく亜麻布《あまぬの》に描かれた四枚のカンヴァス画がそれで、残念ながら、作者の名前は伝わっていない。主題は、《マグダラのマリアと聖女キアラのいる聖母子》（口絵―4）、《キリスト鞭打ち》、《キリスト磔刑像》（III―1）、《聖フランチェスコの聖痕拝受》（いずれも一三三六年頃、個人蔵）で、その内容から見て、この四枚は、もともともっと大きな連作の一部であったとも考えられるが、詳細についてはわかっていない。とはいえ、《磔刑像》の十字架の足元に、ナポリ王ロベール・ダンジューとその妻サンチアが合掌してひざまずいているところから、アンジュー家と深いつながりのある作品であることは確かである。また、この連作でマグダラのマリアがひじょうに重要な位置を占めていることも、アンジュー家との関係を暗示している。たとえば《磔刑像》では、マグダラは、深い悲しみの表情をたたえながらキリストの足に口づけをし、《聖母子》では、全

III―1　作者不詳
《キリスト磔刑像》
（1336年頃）

身を頭髪で覆われた隠修士タイプで登場し、右手にはロザリオをもっている。
　このような特徴から、この連作は、王妃サンチアの後援のもとに一三二四年にナポリで設立された、改宗娼婦のためのサンタ・マリア・マッダレーナ修道院を飾る絵として制作された可能性の高いことが指摘されている。この修道院は、フランチェスコ会の傘下に入っていたが、連作のなかにも、聖痕を受けとる聖フランチェスコと、聖母子にひざまずく聖女キアラが登場している。ある記録によると、一三三四年七月二二日のマグダラのマリアの祭日に、ナポリの大司教ジョヴァンニ・オルシーニは、当時この修道院に保護されていた一八二人の女性のうち、一六二人が自分たちの過去を悔い改めるのを目撃したという。一三四二年には、その数は三四〇人にふくれあがったため、時の教皇クレメンス六世は、新たに別の修道院を建設することを、王妃サンチアに許可したほどであった。こちらのほうは、やはり回心した娼婦であったエジプトの聖女マリアに捧げられ、同じくフランチェスコ会の監督下に入った。一方、サンタ・マリア・マッダレーナ修道院も、翌年に拡張され、さらに施療院が付け加えられた。一四世紀といえば、ペストをはじめとする疫病がヨーロッパじゅうに猛威を振るった時代で、こうした事情も反映していたのであろう。また、当然ながら、いずれにしても娼婦は、いつまでもその生業を続けていくことは不可能で、遅かれ早かれ、悔悛させられる運命にあったにちがいない。その場合にも、彼女たちの行き先は修道院しかない。

ここで、ふたたび連作に帰ろう。その特徴としてまず挙げられるのは、誇張されているようにさえ見える激しい感情表現と残虐性である。全身血まみれになった磔のキリストの脇腹の傷口からは、大量の血が勢いよくほとばしり出て、気絶する聖母マリアの胸にまっすぐに向かっている。もう一筋の血しぶきは、十字架の足元に泣き崩れるマグダラの背中に降りかかっている。このような血の放射は、この連作において独特の意味を担っている。というのも、明らかに《聖痕拝受》の場面と呼応しているからである。そこにおいて、智天使（ケルビム）に囲まれて聖フランチェスコに顕われた十字架のキリストは、みずからの五つの傷を「第二のキリスト」に授けているが、その瞬間は、キリストの両手と両足と脇腹から噴き出す鮮やかな五本の赤い線によってとらえられている。当時、この連作を見た修道女や悔悟者たちは、二つの場面に見られる強烈な赤の効果に目を見張り、両者の隠された結びつきに思いを馳せたにちがいない。マグダラもまた、聖母マリアとともに、聖痕ではないにしても、キリストから贖罪の血を受けとっているのである。

一方、マグダラは、自分の豊かな金髪でキリストの両足をぐるりと覆い、とめどなく滴《したた》り落ちてくる血をぬぐいとろうとしているかのようである。マグダラはここで、主イエスが贖罪のために流した血を、みずからも引き受けようとしている。と同時に、この所作は、パリサイ人シモンの家でキリストが食卓についているとき、その足元に駆け寄り、その足を自分の涙でぬらし、髪の毛でぬぐい、さらにその足に口づけした「罪深い女」(『ルカによる福音書』7:37～38)を連想させるものでもある。このことは、おそらく作者や注文主が意図していたもので、やはりここでも、当時の観賞者は、十字架のマグダラを見て、同時にシモンの家の「罪深い女」のことを連想したにちがいない。というのも、その所作は、「罪深い女」マグダラのマリアの悔い改めを象徴していたからである。贖罪の血は、また、《鞭打ち》の場面でも強調されている。ユダヤ総督ピラトの前で鞭打たれるキリストの全身は、滴り落ちる血に染まっている。

《聖母子》でも、マグダラの悔い改めと祈りとが強調されている。全身を覆う頭髪のあいだからのぞく両手と両足は、痩せこけて日に焼け、額と頬にも深い皺《しわ》が刻まれている。輝くほどであったという金髪も、いまやくすんだ褐色へと色褪《あ》せ、長い苦行の跡を物語っている。これは、《磔刑像》のマグダラがなおも美しい金髪と白い肌をとどめていたのとは、ひじょうに対照的である。この対比もおそらくは画家によって計算されたもので、両者を比較させることで、聖女の悔悛の深さと苦行の激しさを見る人に追体験させようとしたにちがいない。マグダラはまた、右手にロザリオをもっているが、これは、玉数五五個──画家はその数まで正確に描こうとしているように見える──という祈禱用のロザリオで、特に五つの受難の玄義に集中して用いられるものである。その五つとは、ゲッセマネの祈り、鞭打ち、茨《いばら》の戴冠、十字架の道行き、磔刑であり、絵のなかでもロザリオの五つの十字架によって象徴されている。

さらに、マグダラは、その両手を十字に組んで胸に当てているが、この身振りは、同じ画面の右上に描かれている受胎告知の聖母の身振りと対応している。聖母のこの身振りは、神のお告げを謙虚に受け入れる姿を表わしているが、悔い改めたマグダラもまた、みずからを捨てて謙虚に聖母の前にひざまずいているのである。エヴァのように罪深いマグダラのマリアは、それにもかかわらず、聖母マリアにも近づくことのできる女性なのである。これは、悔悛者にとって、大きな希望となったにちがいない。

この絵でもうひとつ見過ごすことのできないのは、聖女キアラ（一一九四～一二五三年）の存在である。一八歳のときにフランチェスコの弟子となり、清貧と献身と慈善に生涯を捧げ、一二一五年にはクラリッサと呼ばれるフランチェスコ派女子修道会を設立した女性である。キアラもまた、マグダラと同じように、五五玉のロザリオをもって登場する。さらに右手には鞭をもっていて、それで自分の背中を痛めつけている。僧服の背中に丸く開いた穴からは、血に染まる素肌がのぞいている。アッシジのサン・ダミアーノ修道院にこもったキアラは、四二年ものあいだ、みずからの肉体を痛めつける苦行を積んだといわれる。この場面が絵に描かれることは稀だが、本作品のキアラの鞭打ちは、「鞭打ち苦行会」の絵のなかに見られた図像と対応している。一般に、この信者会のメンバーは男性に限られ、女性の鞭打ちは、人前で肌を露出することになるために禁止されていた。そのため女性は、とりわけ男性の視線を避けるようにして、修道院や家庭のなかで、鞭打ち苦行を実践していたといわれる。その例は、ハンガリーの聖女エリザベト（一二〇七～三一年）などにも見ることができる。

それにもかかわらず、この連作では、キアラの鞭打ちが人目にさらされ、悔い改めや贖罪、苦行といった側面がことさらに強調されている。しかも、強烈な身振りや表情によって、観る人の心理的、身体的な反応を強く刺激しようとしている。それはおそらく、娼婦たちを悔悛させ保護する修道院のためにこの作品が制作されたことと無関係ではない。同じくロベール・ダンジューは、フィレンツェのパラッツォ・ポデスタにマッダレーナ礼拝堂を建設させ、ジョット工房に依頼して聖女伝のフレスコ画サイクルを制作させたが（第II章参照）、そこに描きだされた美しくて堂々とした聖女の姿とは、好対照をなすものである。この違いは、画家個人の問題に帰せられるというよりも、作品に求められていた役割や、それが設置されていた環境の違いに起因すると言うべきであろう。

悔悟娼婦のためにサンタ・マリア・マッダレーナ修道院を設立した王妃サンチアは、また、その他にも幾つかの女子修道院をナポリに建設したが、そのなかにはサンタ・キアラ修道院もあった。本連作には、聖女キアラも描かれていることから、この聖女に捧げられた女子修道院のために制作された、という説もある。もし仮にそうであったとしても、わたしたちがここまで述べてきたことが無効になるわけではない。というのも、いずれにしても、事態はそう大きくは変わらないからである。女子修道院は、多かれ少なかれ、恵まれない境遇にある女性たちにとって、いわば避難所のような役割も果たしていた。娼婦は、なかでももっとも顕著な例で、そのほかにも、夫に先立たれた妻、夫や家族の暴力（今でいうドメスティック・ヴァイオレンス）から逃れてきた女性、レイプにあった者、父の意思で強引に送られてきた娘、見放された病人、孤児たちなど、さまざまな人々が女子修道院に駆け込んできた。

そればかりか、女性は、不用意に公衆の面前に身をさらしたり、着飾ったりしただけで、

「娼婦」呼ばわりされることもあったにちがいない。女性の罪は、想像力のなかで、「娼婦」のイメージと簡単に結びついてしまうのである。しかも「娼婦」は、ユダヤ人やレプラ（ハンセン病）患者たちとともに、中世末期の都市にとって危険な「他者」だったのであり、その悔い改めを通じて、彼らはキリスト教社会に再統合されなければならなかった。娼婦はさらに、レプラをはじめとする疫病の運び手であるともみなされていた。というのも、ひとつには、娼婦としての過去をもつとされたマグダラのマリアの兄弟ラザロが、レプラを病んでいたからである。

また、ある意味においては、修道女と娼婦とは、社会的に似たような境遇にあったとも言えるだろう。どちらも、家族から離れて生活し、基本的には結婚することもない。そして、ある程度は経済的に自立すらしていたからである。また、持参金（嫁資）という結婚の制度は、修道女や娼婦の数を増大させたひとつの要因にもなっていた。すべての娘たちにそれなりの持参金を持たせて嫁に出すことができない家では、その恩恵に与《あずか》ることのできなかった娘は、兄弟の世話になるか、修道院に入るか、娼婦に身を落とすかのいずれかしか、基本的に残された道はない。女性の職業など、まだほとんどなかった（刺繡や裁縫などを除いて）時代である。一般に娼婦は、男性のために必要なはけ口だと考えられており、同性愛やレイプをはびこらせないための歯止めになるともみなされていた。アウグスティヌスやトマス・アクィナス（一二二五〜七四年）といった偉大な神学者たちでさえ、この職業がなくなると、社会に性的な混乱と放逸がはびこると考えていたのである。

もちろん修道院に入るにも、なにがしかの持参金は必要とされた。それは、一種の聖職売買のような性格を帯びることもあった。その額がじゅうぶんでないときには、修道院から追い出されることもあったが、その場合にもやはり、やむなく娼婦として生計を立てるという選択を迫られたかもしれない。いずれにしても、女子修道院と娼婦とは、社会的にも宗教的にもひじょうに強い結びつきがあったのである。しかも娼婦は、いつまでも続けられるというものではない。悔悛せずとも、老いた娼婦には、修道院しか生きる道はなかったにちがいない。それゆえ、後に列聖されることになるイタリアの修道女たち、シエナのアルドブランデスカ（一三〇九年没）やモンテプルチャーノのアグネス（一三一八年没）らが、娼婦の改宗と復帰のために力を尽くしたのも偶然ではない。

さらに、「鞭打ち苦行会」の普及からもわかるように、娼婦に限らず、中世の人々は一般に誰もが、自分たちは罪深く、それゆえ回心する必要があると考えていた。そうした心性はもちろん、告解の義務という、教会の制度によって煽《あお》られてきたものだが、同時に、ペストや飢饉《ききん》という切迫した状況によって助長されたものでもあった。それらは、天罰によって起こると考えられていたのである。そのため、聖者たちが代願者に立てられることになる。天から降ってくる数々の矢をその身体で受け止めてくれる聖セバスティアヌス(三世紀末〜四世紀)には、ペスト撃退の祈願が託された。幼児キリストに乳をやる聖母マリアには、命の危険にもっともさらされる存在である乳児の生存への思いが込められた。これらの図像が広く流布したのも、「コンヴェルティーテ」の代願者であるマグダラの図像が出てくるのと同じく、やはり一四世紀のことであった。

2　一五世紀のフィレンツェ

次に、ルネサンスの中心地、一五世紀のフィレンツェに目を転じてみよう。ドミニコ会説教師サヴォナローラの強い影響のもとで晩年のボッティチェッリがわたしたちに残してくれた、忘れがたいマグダラのイメージについては、前章で見たところだが、この画家は、それ以前にも、興味深い作品を手がけている。《春》や《ヴィーナスの誕生》といった異教的な主題の代表作にくらべると、言及されることの少ないその作品とは、《聖三位一体》を描いた祭壇画(一四九〇年頃、ロンドン、コートールド研究所/III—2)で、もともとはフィレンツェにあった悔悟娼婦の組織、サンテリザベッタ修道院のために制作された。ハンガリーの聖女エリザベトに捧げられたこの修道院は、アウグスチノ会に属するサント・スピリト聖堂の

III—2　ボッティチェッリ《聖三位一体》(1490年頃)

近くに一三二九年に設立され、一五世紀の後半には再建、拡張されていた。この祭壇画にはまた、《マグダラ伝》の四枚の裾絵が付いていたことがわかっており、こちらのほうは、フィラデルフィアの美術館に保管されている。具体的に作品を見ていくことにしよう。

まず、主画面は、聖三位一体を中心にして、向かって左にマグダラのマリアが、右に洗礼者聖ヨハネが配されている。マグダラの足元には小さく、トビアと天使

III—3　フィリッピーノ・リッピ《マグダラのマリアと洗礼者ヨハネ》(1500年頃)

の姿も見える。マグダラは、全身を頭髪で覆われたドナテッロ作品のような隠修士のタイプで登場し、聖三位一体に向かって祈りを捧げている。ヨハネは、『絵画論』（一四三五年）を著わした人文主義者アルベルティの助言に基づいて、こちらのほうに眼差しを向けて、観賞者を絵のなかへと誘っている。当時のフィレンツェでは、この二人の隠修士がペアで表わされることは稀ではなく、ほかにもフィリッピーノ・リッピによる作例（一五〇〇年頃、フィレンツェ、アカデミア美術館／Ⅲ—3）などがある。広漠とした自然が背景に選ばれているのも、二人の苦行を暗示するためであろう。特にマグダラは、暗い岩山を背にしていて、三〇年ものあいだこもったとされるサント・ボームの洞窟を想起させている。

一方、マグダラの足元に小さく挿入されているトビアと天使は、その主題自体はけっして珍しいものではないが、この祭壇画のようにマグダラと結びついて登場する例は少ない。稀な比較例として、一五世紀のフィレンツェの画家フランチェスコ・ダントニオに帰されている、個人礼拝用の板絵（一四三〇年頃、フィレンツェ、ホーン美術館／Ⅲ—4）を挙げることができるだろう。ここには、香油の壺を手にしたマグダラ、トビアと天使、そしてひざまずいて合掌するフランチェスコ派の修道女（絵の注文主でもある）が描かれているのである。旧約聖書の外典である『トビト書』によれば、トビア少年は、両親の病を治すために、大天使ラファエルの道案内で長い旅をして、妙薬の魚を手に入れた。この絵のなかでも、少年は、その身長の半分以上もあろうかとおぼしき魚を

Ⅲ—4　フランチェスコ・ダントニオ？《マグダラのいるトビアと天使》（1430年頃）

手にしている。その魚の胆のうは父親の目を治療し、心臓と肝臓は、トビアの妻となるサラから悪霊を払うのに役立つのである。その悪霊のために、サラの七人の前夫たちは命を落としていた。マグダラもまた、イエスに七つの悪霊を追い出してもらったとされるが、おそらくそうした類似のために、大天使ラファエルとトビアの旅が、聖女と組み合わされることになったのであろう。それゆえ、この図像が、ダントニオの板絵にせよ、ボッティチェッリの祭壇画にせよ、特に女子修道院との結びつきにおいて現われるのもおそらく偶然ではない。病人の看護や手当て、孤児たちの保護は、女子修道院の重要な任務だったからである。

さて、このボッティチェッリの祭壇画で、《聖三位一体》よりももっと興味深いのは、四枚の裾絵（一四九一〜九三年頃）である。その主題は、マグダラを主人公にした四つのエピソード、《キリストの説教を聴く聖女》（III—5）、《シモンの家のキリスト》（III—6）、《我に触れるな》（口絵—5）、《空中浮揚と聖体拝領》（III—7）（いずれもフィラデルフィアのジョンソン・コレクション蔵）である。このなかで、特に第一の場面は、一五世紀の絵画の主題としては珍しいもので、『黄金伝説』でも語られてはいない。ここで画家が参考にしていると考えられるのは、一三世紀の末に、おそらくはトスカーナ地方のフランチェスコ会の一修道士によってラテン語で著わされ、その後、イタリア語でも何度も版を重ねるとともに、一四世紀半ばには豊かな挿絵まで描かれた書物、『キリスト伝瞑想』である。この本は、とりわ

III—5　ボッティチェッリ《キリストの説教を聴く聖女》(1491～93年頃)
III—6　ボッティチェッリ《シモンの家のキリスト》(1491～93年頃)
III—7　ボッティチェッリ《空中浮揚と聖体拝領》(1491～93年頃)

け女子修道院や第三会の環境のなかで広く読まれたといわれており、キリストの生涯が、登場人物たちの細やかな感情や心理とともに描写されて、読者を聖なる出来事の瞑想と共感へと引き込むように工夫されている。キリストの説教によってマグダラが悔悛するという話も、この本のなかでは、パリサイ人シモンの家での出来事への導入として取り上げられていて、次のように語られている。

彼がシモンの家にいることを聞きつけたマグダラは、彼が説教するところを以前にもおそらく二、三回聴いたことがあったので、彼を激しく愛するようになり、そのことを打ち明けてはいなかったものの、心は自分の罪に苛《さいな》まれ、彼への愛の炎に燃えていました。そして、彼なしでは安寧ではいられず、もはや猶予はできないと考えて、

シモンの家に急いだ、というのである。つまり、シモンの家でキリストの足元に駆け寄る直前に、マグダラは、かつてキリストの説教に動かされ、キリストへの愛に燃えていたことを思い出しているのだ。マグダラのこの記憶を、ボッティチェッリは、聖女伝の第一場面にもってきて、実際の出来事として描いている。画面中央のマグダラは、画面右でキリストの説教に聴き入る女性たちの集団から少し外れて、ややうつむき加減に立っている。画家は、こ

III―8　『キリスト伝瞑想』の挿絵（14世紀半ば）

III―9　『キリスト伝瞑想』の挿絵（14世紀半ば）

のような設定によって、マグダラの反応が集団とは異なること、そして密《ひそ》かに、しかし激しくキリストへの愛を燃やしていることを暗示しようとしているのであろう。集団のメンバーの大半が女性たちであるのも、この絵が女子修道院のために描かれたことと関係しているのであろう。『キリスト伝瞑想』の一四世紀半ばの挿絵では、この場面は描かれていないが、これに続いてマグダラがシモンの家へと向かう姿（III―8）がとらえられている。イエスの会食の場に到着すると、マグダラ（III―9）は、頭をたれ、目を地に伏せて、祝宴についている人々のもとに参じ、最愛の人である主のほうへ一目散に向かっていきました。それから突然に彼女は、彼の足元に身を投げ出すと、その心は、自分の罪を悔い恥じる気持ちでいっぱいになりました。ひれ伏して、聖なる足元に顔を寄せると、彼女はいくらか落ち着きを取り戻しました。というのも、彼女は、何にもまして彼を愛していたからでした。それからまた、嘆き悲しんで涙ながらに大声で叫びはじめ、こう独り言をいったのです。

「ああ、我が主よ、あなたがわたしの神であり、わたしの主であることを、わたしは知っており、また信じております。わたしは、あなたの神のことを、由々しくも何度も怒らせてきました。わたしは、あなたのあらゆる法に反して罪を犯し、浜辺に砂を積み上げるように、幾多の罪を重ねてきました。しかし、邪悪なる罪人であるこのわたしも、今はあなたのお慈悲におすがりしています。わたしは、心を痛め、苦しんでおります。あなたのお赦しをいただけますように。わたしは、罪を償い、あなたへの服従から身を逸《そ》らさない心積もりでおります。わたしをお見放しになられませんよう、お願いいたします。なぜなら、わたしは他に頼るものとてありませんし、他の何も欲してはいないのですから。他の何よりもあなたを愛しているのです。それゆえ、わたしのことをお見捨てにならず、わたしの罪を罰してください。どうかわたしにご慈悲を。」

このあいだもずっと、彼女の涙は溢れ出し、主の足をぬらし、そして洗っていました。このことからあなたがたには、主イエスが裸足《はだし》で歩いていたことが、はっきりとわかるでしょう。ついに彼女は叫ぶのをやめ、自分の涙が主の足をぬらしてしまったのは、不適切なことであったと判断しました。そこで彼女は、自分の髪の毛で主の足を丹念にぬぐったのです。自分の髪の毛でそうしたのは、彼女にとってそれ以上に大切なものはなかったからであり、また、かつては自分の虚栄心を満足させるために髪の毛を利用していましたが、いまや回心するために、その髪を使おうと望んだからであります。さもなければ、主の足から顔をあげることはできないでしょう。ますます募る愛とともに、彼女は、何度も心を込めて主の足に口づけをしました。また、重なる旅で、主の足は疲れ果てていましたので、高価な香油を塗りました。彼女のことを注意深く見てごらんなさい。そして、とりわけ彼女の信仰のことを瞑想してみなさい。その信仰は、ことのほか神に気に入られ、また、この出来事はたいへん厳粛なものだったのですから。さらに、主イエスが、どれほどやさしく彼女を受け入れられ、どれほど我慢強く彼女の行いに耐えられたかを、見てごらんなさい。このことが起こっていたとき、彼は、食事を中断され、他の会食者たちも、この目新しい出来事に、しばし食事の手を休めて、目を見張っていたのです。

少し長い引用になってしまったが、わたしは、『キリスト伝瞑想』のこの一節は、ボッティチェッリの絵と、その絵を見ていた当時の修道女や悔悟娼婦たちの反応を、もっとも端的に証言してくれるものである、と考えている。基本的には『ルカによる福音書』の記述に基づきながらも、『キリスト伝瞑想』の匿名作者は、マグダラの動作や心理の変化、激しい感情の揺れを詳しく描写し、その意味をわかりやすく説いている。さらに、「はっきりとわかるでしょう」とか「見てごらんなさい」とかと、読者に対して二人称で語りかけることで、傍観する第三者としてではなく、まさしく事件の当事者として、読者を語りの世界に引き込もうとする。それはまるで、悔い改めの瞬間にマグダラが見せる行動や心理のひとつひとつを、読者である修道女に追体験させようとしているかのようである。

もちろん、ボッティチェッリの絵が描かれたサンテリザベッタ修道院の修道女や悔悟者たちが、実際に、『キリスト伝瞑想』を読んでいたかどうかはわからない。しかし、この本の普及のことを考えるなら、それは大いにありうることだし、すくなくとも、同じ宗教的感情を共有する環境にいたことは確かである。おそらくボッティチェッリもそれを意識してか、マグダラのマリアとキリストとの扱いには特に慎重である。マグダラは、《キリストの説教》では、キリストからやや距離をおいてうつむき加減に立ちすくみ、《シモンの家》では、反対にキリストにひれ伏し、《我に触れるな》では、中腰になって、今まさにキリストの身体にほとんど触れんばかりである。

ボッティチェッリも参考にしたと考えられる『キリスト伝瞑想』の匿名作者は、主の復活をめぐるこの出来事についても、おもしろい解釈を残している。いわく、「たとえ最初に主は、彼女（マグダラ）から身を引いたとしても、彼が去る前に彼女が、親しみを込めて彼に触れ、彼の手と足に口づけをしなかったとは、ほとんど考えられない」と。ボッティチェッリの描くマグダラもまた、もうほとんどキリストの身体に触れそうで、たしかにその絵を見るかぎり、「親しみを込めて彼に触れなかったとは、ほとんど考えられない」ほどである。『キリスト伝瞑想』が成功を収めた理由のひとつは、誰もが抱くような人間らしい感情をキリストの物語に投影させ、読者の共感を誘うようにそれらを話のなかに織り込んだことにあったが、ボッティチェッリの絵は、これにきわめて近い精神によって描かれている、と言えるだろう。

近年の聖書解釈によると、ラテン語で「我に触れるな（ノリ・メ・タンゲレ）」と訳されているせりふは、もともとギリシャ語では「メー・モン・ハプトス」で、反復を禁止する意味が込められているという。つまり、「我に触れるのを止めよ」あるいは「我に触れつづけるな」という意味にむしろ近い。とすればマグダラは、すでに復活のイエスの身体に触れており、それを主がいさめた、ということになる。『キリスト伝瞑想』の作者は、はからずも、聖書の原義にいっそう近づいているのである。

四枚目の《空中浮揚と聖体拝領》は、これまでにもしばしば絵の主題となってきたもので、制作年代の近い作例としては、アントニオ・ポッライウオーロ（一四三二頃～九八年）の《マグダラと天使たちとの会話》（スタッジャ、サンタ・マリア・アッスンタ教区教会堂／Ⅲ―10）がある。また、同じ主題はテラコッタの浮き彫り板などでも、幾つかのヴァージョンが伝わっており（ロンドン、ヴィクトリア・アンド・アルバート美術館／Ⅲ―11）、公の場でも私的な空間でも、礼拝の対象として好まれていたことがわかる。おもしろいことに、ボッティチェッリ作品のマグダラは、爪先《つまさき》まで伸びたその長い頭髪の下に、生身の肉体があるようにはもはや見えない。まるで霊のように透明な存在となったその身体を、頭髪がすっぽりとくるんでいるかのようだ。

また、この場面で注目すべきは、ここではじめて登場する男性の聖職者（マグダラを葬ったとされるエクス・アン・プロヴァンスの司教聖マクシムス）の存在である。空中浮揚という神秘を女性は体験できるが、その証拠は男性の聖職者によって承認されなければならないのであり、そのうえ最終的には、男性によって聖体が授けられなければ、救済は成就しない、というわけだ。ボッティチェッリの裾絵は、女性のために描かれたとしても、あるいはそれゆ

III—10
アントニオ・ポッライウオーロ
《マグダラと天使たちとの会話》
（15世紀後半）

III—11
作者不詳
《天使たちによって天に昇るマグダラ》
（15世紀後半）

えにこそむしろ、最後にこの現実を観賞者に突きつけようとしているかのようである。

3　一六世紀のローマ

同じような題材を扱い、同じように娼婦のために描かれてはいても、ボッティチェッリ作品にくらべると、かなり異なる性格を見せているのは、一六世紀の初頭にローマで制作された作品である。ローマ観光の名所のひとつ、スペイン広場の階段の上に建つサンタ・トリニタ・デイ・モンティ聖堂の、マグダラに捧げられた礼拝堂を飾っていた聖女伝のフレスコ画がそれで、師ラファエッロ亡き後、その大工房を引き継いだジュリオ・ロマーノ（一四九九〜一五四六年）とジャンフランチェスコ・ペンニ（一四八八頃〜一五二八年頃）によって完成された（一五二〇年代）。一九世紀に全面的に改装されたために、残念ながら、その痕跡は、二人の合作になる祭壇画《我に触れるな》（マドリッド、プラド美術館／III―12）と、ルネッタ部（天井下の半円部の壁面）を飾る《天使たちによって天に昇るマグダラ》のフレスコ画断片（ロンドン、ナショナル・ギャラリー／III―13）で伝わるだけだが、幸いにも、二人の下絵デッサンや、すぐれた版画家として知られるマルカントニオ・ライモンディ（一四八〇〜一五三四年）の手になる銅版画（ロンドン、大英博物館）による模写などによって、もとも

III—12
ジュリオ・ロマーノとジャンフランチェスコ・ペンニ
《我に触れるな》
(1520年代)

III—13　ジュリオ・ロマーノとジャンフランチェスコ・ペンニ
《天使たちによって天に昇るマグダラ》(1520年代)

との礼拝堂装飾の有様をおおよそ想像してみることはできる。それによると、現存する作品のほかに、《パリサイ人シモンの家の会食》(III―14)、《マグダラをキリストに導くマルタ》(III―15)のフレスコ画が、礼拝堂の壁面を飾っていたことがわかる。また記録によると、《砂漠のマグダラ》という苦行の場面が、《天に昇るマグダラ》と向かいあうようにルネッタ部にあったらしいが、こちらの痕跡は何も伝わってはいない。

残された作品から判断するかぎり、これまでとは打って変わって、この礼拝堂のマグダラはむしろ堂々としており、優雅さと威厳をかねそなえているようにすら見える。《我に触れるな》では、彼女の右手は、復活したキリストの身体に今まさに触れんばかりだが、その表情はどちらかというと穏やかで落ち着いていて、ラファエッロゆずりの優美な横顔を見せている。

洗練されたその仕草は、まるで宮廷婦人のそれを再現しているかのようだ。キリストがスコップのようなものを手にして帽子をかぶっているのは、復活した主をマグダラが「園の管理人」だと勘違いしたからで(『ヨハネによる福音書』20:15)、伝統的な図像を踏まえている。この作品で特異なのは、そのキリストが、上半身をあらわにしてほとんど裸ともいえる状態で登場している点である。文字どおり復活の場面であれば、キリストが裸身で描かれることは珍しくはないが、《我に触れるな》では着衣で表わされるのが慣例である。ただし、一六

III—14　マルカントニオ・ライモンディ《パリサイ人シモンの家の会食》（1520年代）
III—15　マルカントニオ・ライモンディ《マグダラをキリストに導くマルタ》（1520年代）

世紀には、ブロンズィーノ（一五六〇〜六一年、パリ、ルーヴル美術館／III―16）の作品などに見られるように、半裸かほとんど全裸のキリストがマグダラに顕われる作例が少なからずある。これらの絵が醸し出している、ある種の技巧性、儀礼性、理想化の雰囲気は、同時代の画家たち、たとえばパルミジャニーノやロッソ・フィオレンティーノが描く宗教画などにも見られるもので、いわゆる「マニエリスム」と呼びならわされている様式のもっとも顕著な特徴をなすものである。ロッソはほぼ同じ頃、ローマで、異教的な雰囲気すら漂わせている《死せるキリストと天使たち》を、教皇クレメンス七世の取り巻きのために描いている。《天に昇るマグダラ》でも、聖女には、長年の苦行の跡がほとんど見られない。その顔立ちは、若かりし頃の美しさをとどめ、その身体もけっして痩せこけてはいない。この礼拝堂装飾では、マグダラの痛ましさや苦悩、動揺や嘆きといった側面は、極力抑えられているように思われる。このことは、キリストの説教の場面にも当てはまる。ボッティチェッリ作品では、集団からやや離れて主の説教に聴き入るマグダラの姿に、主に対する彼女の特別の思いが表現されていた。それに対して、このローマの例では、ジュリオ・ロマーノによるデッサンやマルカントニオ・ライモンディの版画から判断するかぎり、そうした心理的な描写よりもむしろ、出来事の儀式的な壮麗さや厳粛さのほうに力点が置かれているように見える。古代風の神殿を前にした場面設定は、大掛かりで儀式じみている。これはおそらく、亡き師ラ

III—16
ブロンズィーノ
《我に触れるな》
(1560〜61年)

ファエッロがヴァティカンのタピスリーのために描いた《アテネで説教する聖ペテロ》のカルトン(ロンドン、ヴィクトリア・アンド・アルバート美術館)などから着想を得たものであろう。マルタに手を引かれてマグダラは、玉座にすわって演説の身振りをするキリストの前に案内される。マグダラはここでは、その豊かな髪を丹念に結い上げている。キリストの背後には弟子たちが控え、姉妹の周りには群衆が集まっている。
一方、みずからの髪で主の足をぬぐう《シモンの家》のマグダラの表現は、これまでの長い図像の伝統を踏まえている。だが、画面の両脇には大きな垂れ幕が描かれ、まるで荘厳な舞台か宮廷の儀礼を見ているかのような印象を与えている。こうした特徴は、画家個人の好みや時代の様式のみに帰せられるものではないだろう。この礼拝堂装飾はいったい誰のために、なぜ制作されたのかという問題が考慮されなければならない。

ヴァザーリの『芸術家列伝』（一五六八年）によると、この礼拝堂装飾は「とても名高い高級娼婦（コルティジャーナ）」のために制作された。ヴァザーリはおそらくあえて名前を伏せているため、具体的に誰が注文主であったかはわからない。しかし、マグダラ伝の主題から判断しても、この装飾を依頼したのが、ひとりの「高級娼婦」であったというのは事実であろう。とはいえ、多くの読者は首をかしげるにちがいない。いかに「高級」という形容が付くにしても、ひとりの娼婦が、立派な教会堂に自分の礼拝堂を所有し、そこを当代名うての画家たちに装飾させる、ということが本当にありうるのだろうか、と。

ところが、実際にそれはありえたのである。当時、王侯君主や貴族ばかりか、教皇や枢機卿でさえも、高級娼婦を愛人としてかこっていたことはよく知られている。たとえば、枢機卿ロドリゴ・ボルジア（後の教皇アレクサンデル六世）にはヴァンノッツァ・デイ・カッタネイ、教皇ユリウス二世にはルクレツィアやマシーナ、ウルビーノ公ロレンツォ・ディ・メディチにはベアトリーチェ、大銀行家アゴスティーノ・キージにはインペリアという名の愛人がいたことが知られている。しかも、教皇アレクサンデル六世の愛人ヴァンノッツァは、後にフェッラーラ公妃となるルクレツィア・ボルジアと、ヴァレンティーノ公となるチェーザレ・ボルジアの母親で、その遺体は一五一八年、サンタ・マリア・デル・ポポロ聖堂に葬られた。アゴスティーノ・キージの愛人インペリアもまた、サン・グレゴリオ・アル・チェリオ聖堂に自分の墓を建設してほしい旨の遺言をアゴスティーノに託して、一五一二年に亡くなっている。つまり、大きな教会の礼拝堂に、丁重に葬られていたのである。

このような愛人＝高級娼婦たちの墓所礼拝堂のなかでも特筆すべきは、チェーザレ・ボルジアの愛人フィアンメッタのためにサンタゴスティーノ聖堂に設《しつら》えられ、マグダラのマリアに奉献された礼拝堂である。この礼拝堂もまた現存してはいないが、ヴァザーリは『芸術家列伝』の「ヤコポ・トルニ、通称リンダコ伝」のなかで、そのフレスコ画装飾について以下のように記述している。

かの町（ローマ）のサンタゴスティーノ聖堂には、正面扉の前方右手に最初の礼拝堂があるが、それもまた彼（リンダコ）の手になるものである。その天上には聖霊を受け入れる使徒たちが、その下の壁には二つのキリスト伝が描かれている。そのひとつには、漁師ペテロとアンデレがキリストに従う場面が、もうひとつには、シモンの家のマグダラが描かれている。その場面の木製の床や梁《はり》は、見事に模写されている。同じ礼拝堂にある板絵は、彼が油で描いたもので、死せるキリストが、熟練した手によってたいへん丹念に仕上げられている。

聖堂の右手というのはおそらくヴァザーリの勘違いで、実際には左手にあったことがわかっているが、この記述から、シモンの家でキリストの足元に駆け寄って悔い改めるマグダラのマリアが描かれていたことは確実である。この主題の選択は、礼拝堂の所有者がかつて高級娼婦であったことと、おそらく無関係ではない。ヴァザーリによればまた、その向かい側には、ペテロとアンデレ兄弟の召命《しょうめい》が描かれていたが、とすれば、この礼拝堂装飾には、最初の男性使徒と最初の女性使徒の改宗というテーマがバランスよく選ばれていたことになる。

しかも最近の研究によれば、ミケランジェロ（一四七五～一五六四）が未完成のままに残した《キリスト埋葬》（一五〇〇年頃、ロンドン、ナショナル・ギャラリー／III―17）は、この礼拝堂のための祭壇画として構想された可能性があるという。というのも、サンタゴスティーノ聖堂のための祭壇画がミケランジェロに依頼された記録が残されているからである。ミケランジェロはここで、ベアト・アンジェリコやロヒール・ファン・デル・ウェイデンらの先例に倣って、キリストの遺体を真正面からとらえているが、それはおそらく、祭壇画とし

III—17　ミケランジェロ《キリスト埋葬》(1500年頃)

てきわめて効果的な解決法であった。というのも、祭壇はほかでもなくキリストの墓を象徴するものだからで、祭壇上にこの絵が据えられると、キリストはちょうど墓に埋葬されるような格好になる。アリマタヤのヨセフ、使徒ヨハネ、そして右の女性の三人が、キリストの遺体を支える一方、二人の女性たちが哀悼の表情で埋葬に立ち会っている。画面左端にすわっているのがおそらくマグダラのマリアで、その衣の裾が、キリストの足にかすかに触れている。このマグダラは、悲しみをあからさまに表出しているというよりも、主の記憶に浸り、その犠牲の神秘を瞑想しているように見える。

ローマのサンタゴスティーノ聖堂は、当時、娼婦たちの信仰を広く集めていたようで、高級娼婦ベアトリーチェがそのパトロンであるウルビーノ公ロレンツォ・ディ・メディチに宛てた一五一七年の手紙によると、以下のごとくであったという。

こうしてわたしは、半ば罪を悔いて、サンタゴスティーノ聖堂のわたしたちの説教師のもとで懺悔したのであります。わたしたちの、と申しましたのは、このローマにはわたしたちのような娼婦が数え切れないほどいるからで、その誰もが彼の説教に馳せ参じているからです。この説教師は、名高い聴衆に気づくと、その全員を改宗させてやろうということだけに夢中になっていたのです。ああ、何とそれは困難な企てでしょうか。わたしに対して、彼は百年も長話することになるでしょう。

この手紙には、説教師に対する辛辣《しんらつ》な皮肉が込められている。身分の高い要人たちが相手で、教養や学識をそれなりに積み、立ち居振る舞いや会話も洗練された、いわゆる「高級娼婦」は、おそらくそれ相応のプライドをもっていたにちがいない。だからこそ、堂々と町の

III—18　ベネデット・カリアリ《聖母子、聖女マグダラと回心者たち》（1570年頃）

重要な教会堂に自分の墓所礼拝堂を構え、そこを装飾させてもいた。また、そのことを認め可能にするような社会的、宗教的基盤が、一六世紀前半のイタリアにはあったのだろう。当時ローマは、ヴェネツィアと並ぶ高級娼婦のメッカであった。ローマのトゥッリア・ダラゴーナや、ヴェネツィアのヴェロニカ・フランコらは、詩人としてもその名を馳せていた。彼女たちはまた、今日で言うところのファッション・リーダー的な存在でもあった。

その意味で興味深いのは、ヴェネツィアの画家ベネデット・カリアリ（一五二八〜八八年）が描いた《聖母子、聖女マグダラと回心者たち》（一五七〇年頃、ヴェネツィア、アカデミア美術館／III—18）である。画面左のマグダラのとりなしによって、聖母のおかげで回心しようとしている右の娼婦たちは、それでもなお、流行のファッションと宝石に身をつつんだままである。

当のマグダラ本人ですら、裸足とはいえ、豪華な衣装にくるまれている。その足下の暗い部屋のなかには、すでに回心した簡素な身なりの娘たちが、小さく描き込まれている。この絵もまた、ヴェネツィアにできた悔悟娼婦の施設（ソッコルソ）のために描かれたものである。

ところで、当時はまた、新プラトン主義の影響のもと、愛と結婚とは別であるという考え方が、宮廷人や文人たちのあいだに広まっていた。たとえば、シエナの人文主義者で、後に大司教にもなったアレッサンドロ・ピッコローミニは、その著『女性の良き作法について』（一五四〇年）において、一種の自由恋愛の手ほどきを授けている。話は、夫が家に寄り付かない新妻マルゲリータと、世事に長《た》けた熟女ラファエッラとの対話というかたちで進む。ラファエッラはここで、若かりし頃を振り返って、その「罪」を大いに悔いているのだが、それは、こともあろうに、愛の赴くままに身を任せてはこなかったことだというのである。作者ピッコローミニは、明らかに、マグダラのマリアの「罪」と「悔悛」を逆手にとって、転倒させている。後悔するとすれば、それは、「若き日に過ちを犯さなかったがゆえ」である。ラファエッラの逆説的な論理に従うなら、若き日のマグダラは人生を楽しんだのであり、それゆえ後悔の必要もないことになる。

この時代、ヴェネツィアやローマでは、当代一流の画家たちの手によって、高級娼婦とおぼしき女性たちの肖像画が数多く描かれたが、そのなかには、マグダラのマリアに扮装《ふんそう》して登場するものもある。たとえば、バッキアッカ（一四九四〜一五五七年）の《マグダラのマリア》（一五三〇年頃、フィレンツェ、ピッティ宮／III—19）がその好例である。頭上の光輪と香油の壺によって、聖女であることを装っているが、優雅な身のこなしと、モナリザにも似た謎の微笑を見せるこの女性は、おそらくは「マッダレーナ」という源氏名の高級娼婦であろうと考えられる。また、サヴォルド（一四八〇／八五〜一五四八年）の《ラ・マッダレーナ》（一五三〇年頃、ロンドン、ナショナル・ギャラリー／III—20）は、天使に呼びかけられて振り返り、イエスが立っているところを見たにもかかわらず、イエスであるとは気づかなかったという瞬間（『ヨハネによる福音書』20:14）が、斬新な半身像のクローズアップで描かれた魅力的な作品で、レオナルド・ダ・ヴィンチ（素描、一四九〇年頃、ロンドン、コートールド研究所／III—21）に着想の源泉があるといわれている。この絵には、モデルは同じだが、香油の壺が描かれていないヴァージョン（ベルリン、国立美術館）が存在しており、高級娼婦の肖像として描かれたという可能性も否定できない。

他方では、マグダラが、宮廷のやんごとなき女性たちの肖像に重ねられて登場することもある。これは、「コルティジャーナ」という語が、宮廷婦人と高級娼婦の両方の意味をもつこととも、おそらくは無関係ではないだろう。たとえば、アルテミジア・ジェンティレスキ（一五九七〜一六五二／五三年）の《悔悛のマグダラ》（一六二〇年頃、フィレンツェ、ピッティ

III—21　レオナルド《マグダラのマリア》(1490年頃)

III—19　バッキアッカ《マグダラのマリア》(1530年頃)

III—20　サヴォルド《ラ・マッダレーナ》(1530年頃)

宮／口絵―6）は、この聖女への篤《あつ》い信仰心で知られるトスカーナ大公妃、オーストリアのマリア・マッダレーナのために描かれたもので、みずからの胸を強くしめつける仕草、訴えかけるようでも悔い改めるようでもある紅潮した表情、豊かな絹織物の衣装が印象的な作品である。このマグダラには、王妃の面影が重ねられているとも、あるいは、レイプ体験をもつ女流画家自身が託されているともいわれる。

さて、ここでもういちどサンタ・トリニタ聖堂の「名高い高級娼婦（コルティジャーナ）」のための礼拝堂装飾に帰ろう。これほど大掛かりで堂々とした装飾が、ひとりの娼婦のために実現されたとしても、いまやわたしたちは驚かないであろう。マグダラのマリアはここで、ときには宮廷婦人のように優雅な出で立ちで、またときには男性の使徒たちよりもずっと威厳のある理想的な姿で登場してくる。それはまるで、マグダラという偉大な先達に託して、そこに埋葬されている「名高い高級娼婦」を言祝《ことほ》いでいるかのようである。

だが、話はそれで終わりではない。この礼拝堂装飾が着手される直前の一五一八年、フランスの人文主義者で、敬虔なカトリック教徒でもあったルフェーヴル・デタープルは、大グレゴリウス以来のマグダラのアイデンティティに疑問を呈していた。それが世にいう「マグダラ論争」で、原点に返って聖書に丹念に当たったこの人文主義者は、マグダラのマリアとベタニアのマリアと「罪深い女」は、同一人物ではありえないと主張したのである。有名なドイツの宗教改革者ルターの九五ヶ条とほぼ時を同じくする彼の主張は、結局、ローマ教会によって異端とされた。それゆえ、ちょうどこの時期に制作されたサンタ・トリニタ聖堂の礼拝堂装飾では、巧妙にその主題が選ばれることになった。つまり、福音書でも名指しで登場する正真正銘のマグダラのマリアを祭壇画《我に触れるな》に、次に、「罪深い女」を壁面の《シモンの家》に、最後に、マルタの姉妹であるベタニアのマリアをもうひとつの壁面に登場させることで、ルフェーヴル・デタープルの異端的な別人説を論駁《ろんばく》し、あらためて彼女の伝統的なアイデンティティを確証しようとしているのである。

この礼拝堂は、残念ながら一九世紀に全面的に改装されたが、チェーザレ・ボルジアの愛人フィアンメッタのために建設され装飾されたサンタゴスティーノ聖堂の礼拝堂のほうは、早くも一七世紀の初めに取り壊されてしまった。代わって据えられたのが、カラヴァッジョの有名な《ロレートの聖母》で、現在も同じ教会堂にある。かつてローマの娼婦たちが足しげく通い信仰を集めていたと、高級娼婦ベアトリーチェがパトロンのウルビーノ公に報告している、このサンタゴスティーノ聖堂から、おそらくは娼婦色を一掃するために、フィアンメッタの礼拝堂は無残にもつぶされてしまった。だが、それにもかかわらず、これに取って代わったのが、ほかでもなく、娼婦をモデルに宗教画を描いたと当時から取りざたされていたカラヴァッジョの作品であったというのは、なんとも皮肉な話である。

4 一七世紀のローマ

娼婦をモデルに使ったとして非難された当の絵とは、《聖母の死》(一六〇五年、パリ、ルーヴル美術館/III—22)のことである。この大作は、もともとローマのサンタ・マリア・デッラ・スカーラ聖堂のために描かれたが、素足を投げ出して横たわり、まるで妊娠しているかのように下腹の膨れた聖母マリアの姿が、祭壇画としての「適正」にそぐわないと判断されたために、教会側から受け取りを拒絶されてしまった。

舞台は、場末の掘っ立て小屋のようなみすぼらしい部屋、聖母の眠るベッドも、薄い板一枚を台の上に渡しただけの簡素なもので、その脚すら見当たらない。カラヴァッジョが本当に、当時からささやかれていたように、愛人の娼婦をモデルにしたかどうかは別にしても、ローマの下層民たちに好んでポーズをとらせたことはよく知られている。また、下層の女性たちは、事実いかんにかかわらず、「娼婦(メレトリーチェ)」の刻印を押される傾向にあったただろうことも想像にかたくない。聖母の死を悼んでいる使徒たちも、画家が下町の通りから見つけてきた貧者たちであろう。「実際のところ、この作品は、この部屋のなかで、界隈《かいわい》の庶民の女が死んだことを悼む光景を物語っているように思われる」(ロベルト・ロンギ)。

III—22
カラヴァッジョ
《聖母の死》
(1605年)

とりわけトレント公会議の終結(一五六三年)以降、教会は、宗教画の「適正」にひどく神経質になっていた。一六世紀前半の教会に見られたある種の鷹揚《おうよう》さと大らかさは、もはや過去のものとなった。カラヴァッジョとちがって教会側にかなり受けの良かったシピオーネ・プルッォーネ(一五五〇頃～九八年)という画家でさえ、ジェズ聖堂のために描いた《死せるキリストへの哀悼》(一五九〇年、ニューヨーク、メトロポリタン美術館/III—23)では、マグダラの姿を「もっと敬虔な外見をもつるに、マグダラが「娼婦」であったという前歴をわずかでも匂《にお》わせるような表現は避けるべし、という要請を、時の教皇クレメンス八世から受けたほどであった。要するに、マグダラが「娼婦」であったという前歴をわずかでも匂わせるような表現は避けるべし、というお達しだったのであろう。実際に変更されたかどうかは定かではないが、同じ画家は、サンタ・マリア・イン・ヴァッリチェッラ聖堂のための《キリスト磔刑像》（一五九〇年、同教会堂／III—24）でも、十字架にしがみつくマグダラに、明らかに同じ女性のモデルを使っており、しかもいずれの作品においても、聖女のトレードマークである美しく波打つ豊かな金髪が誇示されている。いかに「敬虔に」という要請があるとしても、マグダラはあくまでも美しく、その金髪も光り輝いていなければならない、と画家は主張しているかのようだ。

　カラヴァッジョ作品に帰ろう。この絵にも実はマグダラのマリアが登場している。聖母の手前で、貧しい椅子に腰掛けて、泣き入るように顔を隠している黄色い服の女性がそれである。聖母の死は、一二人の使徒たちとキリストに見守られるのが、図像の定石で、マグダラがそこに参加する作例はきわめて稀だが、カラヴァッジョがあえて彼女を描きこんだのには理由があった。というのも、この絵を注文した法律家のロレンツォ・ケルビーニは、娼婦や不幸な妻たちのための養護施設であるカーサ・ピア（文字どおり「慈善の家」という意味）の運営に、実務面でも財政面でも積極的にかかわっていたからである。このカーサ・ピアは、

III—23　シピオーネ・プルツォーネ
《死せるキリストへの哀悼》（1590年）

III—24　シピオーネ・プルツォーネ
《キリスト磔刑像》（1590年）

まさにトレント公会議が閉幕した一五六三年に、その立役者であったカルロ・ボッロメーオ枢機卿と教皇ピウス四世によって設立された。トレント公会議以降、カトリック教会は、悔悛の模範としてマグダラへの信仰をますます積極的にプロモートするようになる（第IV章参照）一方、悔悟娼婦や悔悛者たち、不幸な結婚の犠牲者、独身者や孤児たちのための保護施設の建設にも力を入れた。最近の研究（パメラ・アスキュー）が明らかにしたように、《聖母の死》のなかにカラヴァッジョがマグダラを登場させたのには、このような事情が絡んでいたのである。

画家もその経緯を配慮したのであろう。マグダラは、絵のなかでかなり重要な位置を占めている。画面の右下で、他のどの使徒たちよりもわたしたちに近いところにいる彼女は、心理的にも物理的にも、観賞者がもっとも自分を重ねやすい存在である。その意味でカラヴァッジョは、感情の媒介者としてのマグダラという、一三世紀後半以来とりわけフランチェスコ会によって広められてきた伝統につながっている。だが画家はここで、マグダラにおなじみの激しい身振りはあえて避け、髪もきれいに結わえ、じっと耐えるようにうなだれて袖で涙をぬぐう姿で表現している。ひょっとするとカラヴァッジョは、もっとも深い悲しみを描くには、当人の顔を隠すのがいちばんだという、古代ギリシャの画家ティマンテスの教訓をどこからか聞き知っていたのかもしれない（アルベルティが一四三五年の『絵画論』でこの話

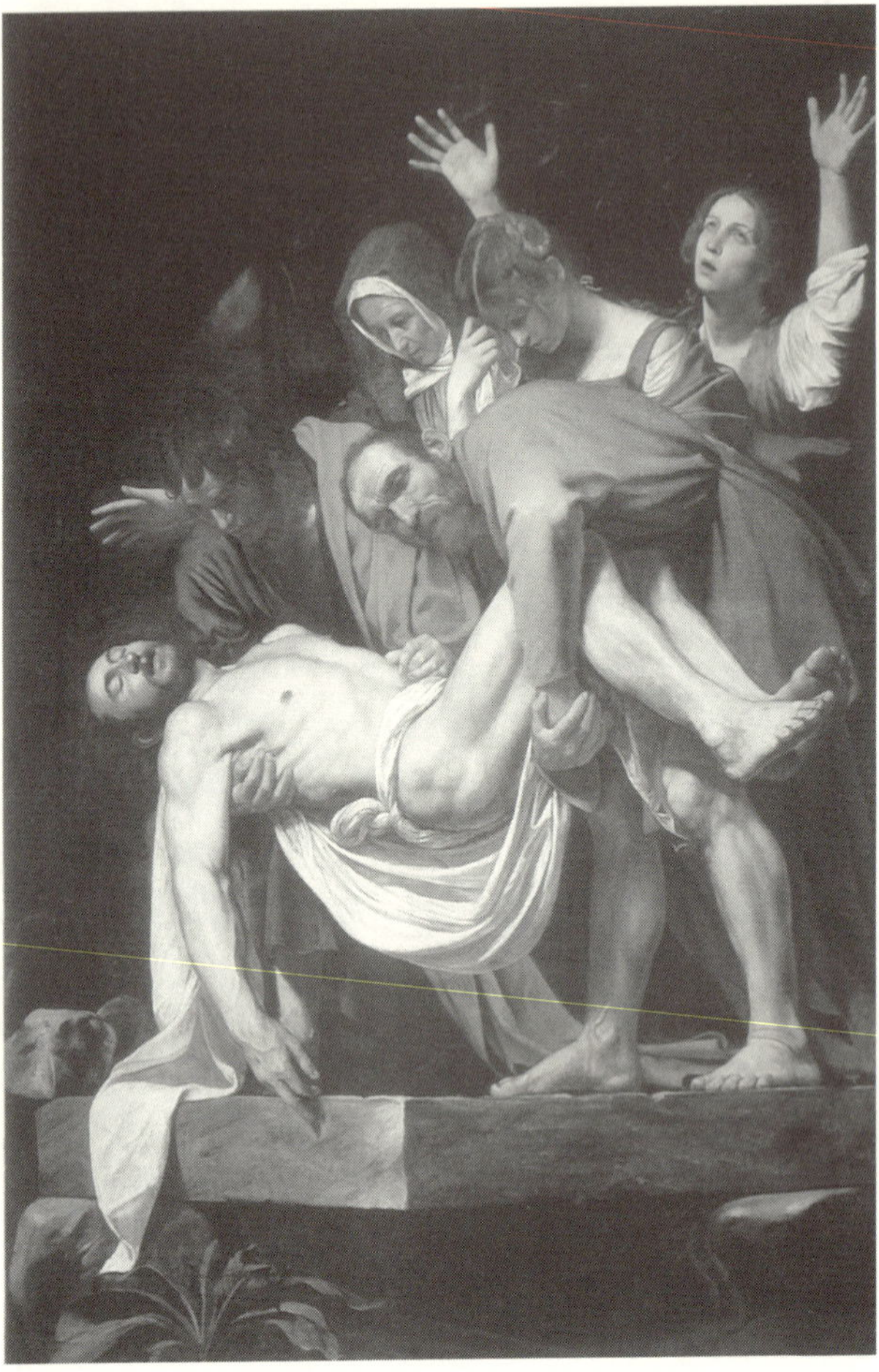

III—25　カラヴァッジョ《キリスト埋葬》(1602～03年)

を伝えていた）。その姿勢にはまた、ドリア＝パンフィーリ美術館のメランコリックな《悔悛のマグダラ》（PRE―1参照）と通じるものがある。

また、やはり拒絶されたことで知られる《キリスト埋葬》（一六〇二～〇三年、ヴァティカン美術館／III―25）でも、伝統的な慣例に反して、マグダラは髪を振り乱すことも、激情に身を任せることもなく、右手を目に当てて悲しみに耐えている。両手を大きく上げて、悲しみを身体で表現しているのは、ここではクロパの妻マリアである。カラヴァッジョは、多くの画家たちとは異なって、激しい感情の表出やあからさまなエロティシズムをマグダラに与えることはない。むしろ、たいていの場合、メランコリーの内に沈むか、悲哀と悔悛の涙にくれている。

《聖母の死》におけるマグダラの卓越した役割は、光の効果によってもまた盛り上げられる。左上から斜めに鋭く差しこむ光によって、聖母の顔とマグダラのうなじは、画面でいちばん明るく照らし出されている。横たわる聖母の胴体と左腕は、まるでうなだれるマグダラを背後から守っているかのようだ。このように、聖母とマグダラとの深いつながりが強調されているのも、ローマの不遇な女性たちの共感を誘うという意図と無関係ではないだろう。マグダラを照らし出すこの光は、彼女の悔悛の瞬間を描いた《マルタとマグダラ》（一五九六年頃、デトロイト、芸術研究所／III―26）における光と通底している。この作品は、画家の真筆かどうかが疑われているが、いずれにしても、カラヴァッジョの構想になることはまちがいないであろう。「活動的生」の象徴であるマルタが暗い影のなかに沈む一方で、「瞑想的生」を象徴するマグダラは、明るい光に照らし出され、さらに、「賢明（プルデンツァ）」の凸面鏡に反射する眩《まばゆ》いばかりの光を指差している。それは、まさしく神の光にほかならない。ちなみに、ここでマグダラに扮しているのは、《聖女カテリーナ》でポーズをとっていたのと同じローマの貧しい女性である。

だが、《聖母の死》は拒絶された。「娼婦」をモデルにしたことが、教会に飾るという「適正」に反するものだという理由で。「娼婦」を悔悛させ、保護するのが教会の目的だとすれば、なぜ「娼婦」がモデルであってはいけないのだろうか。トレント公会議以後、教会側がもっとも神経を使っていたのは、世俗的あるいは異教的なテーマの絵に対してではない。そんなものは、貴顕たち（そのなかにはもちろん聖職者たちもいる）がこっそりと自分の館で楽しんでいるだけのことだから、それほど目くじらを立てる必要はない。それよりもむしろ、聖なる主題のなかに俗なる要素が混入してくることが、いちばん由々しき問題だったのである。教会にとって、聖と俗の境界線は脅かされてはならないのだ。トレント公会議以後、この境界線はますます厳しく監視されるようになる。ボローニャの枢機卿ガブリエーレ・パレオッティは、人文主義の伝統を受け継ぐ繊細な眼識を具えていたが、その彼でさえ、その著

III—26　カラヴァッジョ《マルタとマグダラ》（1596年頃）

『聖俗両画像について』（一五八二年）のなかで次のように述べている。

　祝福されたマグダラや福音書記者聖ヨハネ、あるいは天使の絵が描かれるとき、これらは、娼婦や役者たちよりもいっそう悪いことに、装い飾り立てて表現されている。あるいは画家たちは、自分の愛人の肖像を聖女に仕立てることもある。

　まさに、カラヴァッジョが批判されることになるのとほぼ同じせりふが、その二〇年ほど前に、パレオッティ枢機卿の口からすでに発せられている。「娼婦」という記号は、ますます、反宗教的で反社会的な危険分子をさすものとなる。その一方でこの時代、富裕な都市市民たちは、好んで家族の肖像を描かせるようになる。そこでは、子どもたちはいつも、父親か母親にありえないほど似ていて、血のつながりが意図的に強調されている。こうして、とりわけトレント公会議以後、家族の肖像画は、「父の目」のもとにある家庭の安寧、家系の繁栄というイデオロギーの形成に大きく貢献していくことになる。「娼婦」は、そうした家庭を脅かす危険な存在なのである。

とはいえ、一部の研究者たちが主張するように、カラヴァッジョは意識的にローマ教会に逆らい、ある場合には挑発さえした、と考える必要はない。教会側は、この画家が聖なる世界を俗悪なるものによって汚していると批判したが、彼にしてみれば、俗なるものの内にこそ聖なるものが宿るのである。娼婦や下女、ならず者やいたずら小僧、極貧の托鉢僧や宿無したちに聖者を演じさせたカラヴァッジョの宗教画は、それゆえ、ローマ教会側にとっては、聖なるものの冒瀆《ぼうとく》と映ることになる。だが、見方を変えればそれは、画家のたぐい稀なる筆によって俗なるものが聖なるものへと高められている、ということだ。

一六世紀の前半に見られたような、文化の最先端とも深いつながりのあった高級娼婦の時代は、もはや終わりを迎えている。中世末期やルネサンスには、彼女たちにも、修道女や聖者にすらなりうる可能性がわずかなりとも残されていたが、おそらくいまやそれも過去の話になりつつある。かつての「コンヴェルティーテ」のための修道院も、社会の安全弁として、どちらかというと、ますます監禁施設か更生施設に近いものになっていくだろう。そういった時代にあって、カラヴァッジョは「娼婦」を描き続ける。その絵のなかで、彼女たちは、マグダラのマリアとして、聖母として、聖女カテリーナとして生き続けることになる。

第Ⅳ章

襤褸をまとったヴィーナス

Maria Maddalena

ルネサンスがヴィーナスによって象徴されるとするなら、バロックはマグダラのマリアによって象徴される、と言うことができるかもしれない。それほど、わたしたちの聖女は、バロックの人々の想像力に深く強く働きかけ、美術や文学のテーマとして好んで取り上げられた。なぜか。そのもっとも大きな理由は、もちろん宗教的なもので、告解や聖者崇拝に反対するプロテスタントに対して、カトリックはこの時代あらためて、悔悛の模範であるマグダラのマリアへの信仰を大々的にプロモートしていたからである。

とはいえ、話はそれほど単純でもない。なぜなら、バロックにおけるマグダラの華々しい運命は、そうした教化的、宣伝的な役割のみに限定されるわけではないからである。マグダラは、この時代、マルタの家の会食、キリスト磔刑や復活などといった物語の設定から独立して、ますます単独で登場するようになる。その姿も、全身像、半身像、胸像とさまざまである。また、説教や宗教書ばかりでなく、それらを離れても、詩や戯曲のテーマとして頻繁に取り上げられるようになる。さらにおもしろいのは、この聖女に内在している両義性——聖と俗、敬虔と官能、精神性と肉体性、神秘的禁欲と感覚の悦《よろこ》び——が、この時代ほど多彩なかたちで表面化したことは、いまだかつて、そしてそれ以後もなかったという点である。

バロックという文化はしばしば、矛盾する原理や対立する感情、両義性や多義性への嗜好《しこう》によって特徴づけられるが、それをもっともよく具現化しているのが、わたしたちの聖女なのである。この聖女のもつ両義的な潜在性が、どこよりも、そしてどの時代よりも雄弁かつ華麗に開花したのは、まさにバロックのイタリアという土壌においてであった。本章では、それらをひとつずつ見ていくことになるが、その前にまず、バロックのマグダラに計り知れない影響を与えた作品にぜひとも言及しておかなければならない。それとは、本書の出発点でもあった、ヴェネツィアのルネサンスを代表する画家、ティツィアーノが描いた《悔悛のマグダラ》（口絵―1）である。あらためてこの作品に目を向けてみよう。

1　「このうえなく美しいが、またできるだけ涙にくれている」

一五三一年三月一一日、マントヴァ公フェデリコ・ゴンザーガは、ペスカラ侯爵夫人で詩人のヴィットリア・コロンナに宛てて、次のようにしたためる。「このうえなく美しい」が、また同時に「できるだけ涙にくれている」マグダラのマリアの絵を、あなたのために、「当代でもっとも卓越した画家」ティツィアーノに依頼しました、と。この名高い貴婦人が、すぐれた画家の手になる聖女の絵を所望しているらしいという噂《うわさ》を聞きつけてのことである。

ヴィットリア・コロンナといえば、後にミケランジェロが密かな恋心を抱き、ソネットを捧げることになる女性で、その知性、敬虔、美しさで名をとどろかせていた。当時、宮廷人たちのあいだで絵画が贈呈品として使われるというのも、それほど珍しいことではなく、マントヴァ公の注文に応えてティツィアーノが制作したのが、フィレンツェのピッティ宮殿にある有名な作品であると考えられている。コロンナが実際に受けとったのが、このピッティ作品そのものかどうかについては異論もあるが、いずれにしても、同類の絵であったことはまちがいないというのが、専門家の一致した見解である。

この絵でまず誰もが驚くのは、聖女が、ヴィーナスとも見まがうような豊満な裸体で登場することであろう。事実、その仕草は、「恥じらいのヴィーナス（ウェヌス・プディカ）」と呼ばれる古典美術の類型に基づいている。さらに、この聖女のシンボルである豊かで美しい髪が、その肌をやさしく愛撫《あいぶ》するかのように上半身にまとわりついている。その出で立ちから判断して、サント・ボームの洞窟に引きこもり、瞑想と苦行に身を捧げている聖女の姿を表現したものであることは、明らかである。それにもかかわらず、この絵では、苦しみや痛みの跡をとどめるものは、どこにも見当たらない。天を仰ぐ潤んだ瞳と、かすかに開いた唇は、むしろ、神への愛の言いしれぬ悦びを表わしているようにすら見える。マグダラの持物である画面左下の香油の壺がなければ、おそらくは、当時の観賞者にとっても、聖女として同定することは困難ではなかったか、と疑ってみたくなるほどである。同じ画家は、その数年前に《海から生まれるヴィーナス》(一五二五年頃、エディンバラ、スコットランド国立美術館)を描いているが、わたしたち現代の観賞者の目には、両者は、異教とキリスト教の対照的な女性というよりも、まるで姉妹であるかのようにすら見える。

とするならば、このマグダラは、一部でそう考えられているように、もっぱらエロティックな視線に応えるために描かれたのだろうか。だが、問題はそれほど単純ではない。なぜなら、最初にも確認したように、敬虔なひとりの女性のために、この絵は描かれたからである。その女性の意を汲んで、依頼主が所望していたのが、「このうえなく美しく」て、しかも「できるだけ涙にくれている」マグダラの姿であったことを、もういちど思い出しておこう。つまり、感覚的な美しさとともに、宗教的な敬虔さ、悔悛の気持ちが最大限に表現されることが求められていたのである。この二重の要求は、ある意味で矛盾するものである。依頼主であるマントヴァ公は、「当代でもっとも卓越した画家」ティツィアーノが、この困難な課題を見事に解決してくれることを期待し、また確信もしていたにちがいない。マントヴァ公は、この時期、ティツィアーノに自分の肖像画を何度か描かせているが(すくなくとも三度)、それも、大いにこの画家の手腕を買ってのことであった。さらに、若くしてすでにこの画家が、一方では、宮廷のための異教的な主題の複雑な連作に、他方では、各地の教会堂のための祭壇画の大作にと、並ぶもののないその手腕をいかんなく発揮していたことを、依頼主が知らなかったはずはない。異教的な美とキリスト教的な敬虔との合体という困難な課題の解決は、わたしたちの画家に、まさしく求められるべくして求められたのである。

だが、いかにしてそれは可能になったのであろうか。画家は、当時の観賞者たちのどのような眼差しに訴えようとしたのだろうか。マントヴァ公によって注文され、ペスカラ侯爵夫人に贈られたこの絵は、明らかに宮廷人たちの洗練された好みを意識して描かれたものである。修道士や修道女、さらには悔悟娼婦たちを対象としたボッティチェッリ作品や、「鞭打ち苦行会」のためのニッコロ・デッラルカの作品などとは、その意味で、はっきりと区別されなければならない。

ルネサンスの宮廷人たちの嗜好やたしなみについて、貴重な証言を今に残してくれているのは、カスティリオーネ（一四七八〜一五二九年）の『宮廷人』である。宮廷人たち自身による対話のかたちで進行するこの書物には、一度だけマグダラのマリアの名前が登場する。話題は神聖なる愛をめぐって。わたしたちの聖女はここで、「強く愛したがゆえに多くの罪を赦された」存在として語られる。そして、「官能愛が許されている」その年齢の若さや美しさは、神聖なる愛を妨げるどころか、むしろそれへと至る道を準備するものだとみなされる。この見解には明らかに、ルネサンスの宮廷文化の基調をなしている新プラトン主義の影響が色濃く感じられる。つまり、美しいものを観想することは、精神をより高い次元へと引き上げることにつながる、という考え方である。理想の美は、神の観想へと通じているのである。この点に関して、やはり当時の宮廷趣味の貴重な証言となっている対話集、アーニョロ・フィレンツオーラの『女性の美しさについて』（一五四八年）のなかにも、次のような記述がある。

真実の愛とは、プラトン学派のこぞって主張するところによれば、美の熱望にほかならないからです。美を愛するがゆえに、不可避的にわたしたちは美を求めます。美を探し求めるならば、わたしたちは美を発見するのです。真の愛の虜《とりこ》となった者の目からは、何も隠しおおせるものではありません。
美を見いだせば、わたしたちはその美を観想し、美を観想することによってその美を享受するのです。まさにこの美の享受から、わたしたちは、いわく云いがたい悦びを受けとるのです。悦びとは、あらゆる人間の行為の目的、いやそれどころか、哲学者たちによってかくも探求されてきた至高の善にほかなりません。

真実の愛、いわく云いがたい悦び、そして至高の善の三つは、このように、まさに美の観想において結びついているのである。

ところで、当のヴィットリア・コロンナ自身は、聖女マグダラのマリアについて、どういったイメージを抱いていたのであろうか。娼婦たちの改宗と保護に尽力したことでも知られるこの女流詩人は、幸いにも、聖女に捧げた二編のソネットを残している。しかもそれらは、直接ティツィアーノの絵に言及したものではないとしても、いずれも絵と同じ一五三〇年代に書かれたもので、コロンナがどのような眼差しで聖女の絵を眺めていたのかについて、重要な手がかりを与えてくれる。まず、絵の設定とひじょうに近い、サント・ボームの洞窟での悔悛を詠ったソネットから見ておこう。

けなげにも高潮した女性、彼女は、
永遠にして真の愛人の気に入らないことには背を向け、
過ち多き俗世から遠く離れ、
人気のない住まいで、満ち足りているようにわたしには見える。
欲望に打ち勝ち、大いなる山上にしっかりと木々を固定させる。
それゆえわたしは、その美しい範例の内に、わたしの背中を映し出し、

祝福されたその足跡と神聖なる行いに倣って、
わたしの魂を正し、高く掲げる。

彼女のいる深い洞穴は、わたしには、
この世の高い絶壁のように見え、その大いなる光は、
すべてのやさしい心を暖めてくれる偉大なる炎のように見える。

そう考えると、わたしは、卑俗なしがらみから解かれ、
勇敢で自信に満ちた声で彼女に祈りを捧げつつ、
彼女とともに主のもとにお導きくださいと懇願する。

コロンナが聖女の内に見出しているのは、悔悛の模範（「マグダラに倣って」）ばかりではなくて、新プラトン主義的な精神の上昇のモデルでもある。「けなげにも高潮し」、「満ち足りている」その「美しい範例」とは、まさしくティツィアーノが描き出すマグダラそのものである。もうひとつのソネットは、主の復活の場面を詠ったものである。

どんな恐れも吹き飛ばすほどの
激しい願望に突き動かされて、美しい女性は、
夜にひとりで、無防備のまま、慎ましく汚れのない気持ちで、
ただ激しく燃える希望に守られて、

墓へと入ると、悲しみに泣き崩れる。
天使たちにもかまわず、また、わが身もかえりみずに、
彼女は、主の足元に一目散に倒れかかる。
その心は愛に燃え、何も恐れるものはなかったからである。

だが、男性たちは、多くの恩寵にあずかり、
強靭《きょうじん》であるにもかかわらず、恐れのためにたじろいでしまったため、
彼らには、真の光明も、影のような亡霊にしか見えなかったのだ。

それゆえ、真実が虚偽によって曇らされることはないとするなら、
より激しくて、より確固とした心をもつという、無傷のままの名誉は、

女性たちにこそ与えられなければならない。

ここでマグダラは、主への愛と希望に激しく燃える「美しい女性」と評される。その愛ゆえにこそマグダラは、男の使徒たちには許されなかった復活の真実に与ることができた点を、コロンナは強調している。その考えは、美と若さと愛ゆえにマグダラが救われたと主張する、『宮廷人』の女性擁護論者ジュリアーノの主張にも近いものである。ちなみに、コロンナはまた、『宮廷人』の著者カスティリオーネや、そのパトロンであるウルビーノ公グイドヴァルド・ダ・モンテフェルトロとも親交があったことが知られている。

このように見てくるなら、ある研究者（ベルナルド・アイケマ）が最近、ティツィアーノの聖女のもつ両義的な性格について提起した次のよう道徳的な解釈は、とうてい受け入れがたいように、わたしには思われる。すなわち、ほかでもなく教化と禁欲の目的のために、画家は、聖女をできるだけ官能的に描いたというのである。言い換えるなら、マグダラのマリアの肉体が醸し出す美しくも官能的な雰囲気を、観賞者がみずから克服すればするほど、絵はその警告的な目的を達成するというわけである。だが、ティツィアーノほどの画家が、自分の美が拒絶され打ち消されるために絵を描く、ということが本当にありうるだろうか。すくなくとも当初は女性が所有していたことが確かなこの作品から、道徳的な警告や牽制といった禁欲的なメッセージを、あえて読み取らなければならないのだろうか。さらに言えば、結果的には偶像を否定するために偶像を見るといった、プロテスタント的で、偶像破壊的とも言えるような眼差しで、この聖女の絵が観賞されていたと考えなければならないのだろうか。わたしには、それはとてもありえないことのように思われる。

たしかにこの絵が、美と敬虔、官能性と宗教性のあいだで揺れていることは事実である。しかし、敬虔によって美を、宗教性によって官能性を、禁欲的な警告によって感覚的な享受を牽制しようとする意図を、このティツィアーノの絵から読み取るのは、かなり困難なことではないだろうか。裸体という設定ですら、逆に、原罪以前の無垢や純潔、謙譲、神への完全なる服従を喚起させるものとして肯定的に作用していた、と見ることは不可能ではない。たとえば、ミラノの画家ジャンピエトリーノ（一六世紀前半）が、レオナルド・ダ・ヴィンチの強い影響下で制作した《マグダラのマリア》（一五一〇年頃、ミラノ、ブレラ美術館／IV—1）も、そうした文脈においてとらえることができるだろう。

ティツィアーノとほぼ同年代の画家コッレッジョもまた、現代のわたしたちの目には、まるでピンナップ・ガールのように見える聖女の絵を描いている。ロンドンのナショナル・ギャラリーのもの（一五一八〜一九年頃／IV—2）と、かつてドレスデンの美術館にあった作品（消失／IV—3）がそれである。とりわけ後者は、ティツィアーノ作品同様、広い人気を博し

IV—1　ジャンピエトリーノ《マグダラのマリア》(1510年頃)

ていたようで、一七世紀に至るまで多くの画家たちによって模写され、版画でも流布している。この二作は、立像と横臥《おうが》という姿勢の違いはあるものの、いずれもサント・ボームでの聖女の瞑想という おなじみの場面を描いたもので、ロンドン作品では、しばし読書を中断して、わたしたち観賞者のほうへ視線を向けているところ、ドレスデン作品では、今まさに読書に没頭しているところがとらえられている。これらについても、ティツィアーノの聖女の場合と同じく、相対立する二つの解釈がありうる。すなわち、一種のポルノグラフィーであるとする見方と、逆に、警告的・教訓的なものとみなす見方である。だが、そのいずれかを選択しなければならない必然性は、やはり低いように思われる。おそらくそうした二者択一は、このような作品には当てはまらない。ティツィアーノやコッレッジョは、マグダラのマリアという人気のキャラクターに内在している根源的な両義性を、そのどちらも犠牲にすることなく、最大限に活かしきろうとしたのであり、観賞者の側からもそれが求められていたにちがいない。

調停することがかなり困難なように思われる、相反する要請を、ひとつの画面のなかに合体させてみせること。こうした芸術の理念は、とりわけ一六世紀の前半から半ばにかけて、画家たちのすぐれた力量を測る規準となっていたもので、そうした洗練された眼差しの存在が、このうえなく官能的で、しかもこのうえなく敬虔なマグダラのマリアの出現に拍車をかけている、とわたしは考える。このような芸術は、一般に「マニエリスム」と呼びならわされているが、むしろ、ヴァザーリの用語に倣って「美しいマニエラ」、あるいは「近代的マニエラ」と呼ぶのがいっそう適切である。ヴァザーリは、レオナルド・ダ・ヴィンチに始まるこの「マニエラ」を、次のような一連の撞着《どうちゃく》語法によって定義しようと試みているのである。まず、「規則のなかに秩序づけられた破格」があること。次に、「尺度を超えるほどの優美さ」をもつこと。さらに、芸術家が「困難な事柄」を「易々と（容易に）こなす」ことのできる手腕を具えていること。そして最後に、「自然らしいものではあるが、……技巧化さ

IV—2
コッレッジョ
《マグダラのマリア》
(1518〜19年頃)

IV—3
コッレッジョ
《マグダラのマリア》
(消失)

れていること」である。すなわち、「規則」と「破格」、「尺度」と「優美」、「自然らしさ」と「技巧性」、「困難」と「容易」といった、相反する要求を最大限に充たしている芸術こそが、もっとも高く評価される、というのである。さらに当時は、「もっとも古代風」のものこそが、「もっとも近代風」であるとみなされていた。

もちろんこれは、ヴァザーリ個人の見解であるというよりも、ヴァザーリを培った一六世紀前半の宮廷文化の理想を代弁するものである。ティツィアーノやコッレッジョが、敬虔と官能性、精神性と肉体性、アガペーとエロスといった相反する要求を、それぞれのやり方で合体してみせようとしたのは、このような文化の環境においてであった。ほかでもなくヴァザーリ自身が、ティツィアーノのマグダラを次のように評していたことを思い出しておこう。いわく、この絵は「誰であれそれを眺める人の心を深く動かし」、さらに「このうえなく美しいとはいえ、好色さ（ラシーヴァ）にではなく、哀れみ＝敬虔（コミゼラツィオーネ）の気持ちへと人を駆り立てるのである」と。まさしく「美しいマニエラ」の理論的代弁者たるヴァザーリが、ティツィアーノの聖女のなかに、美と敬虔の稀有《けう》なる合体を見ていたのである。

だが、この洗練された眼差しの時代は、そう長くは続かない。エラスムス（一四六九頃～一五三六年）はすでに早くから、聖書の人物たちを官能的な裸体で表現している画家たちに、深い懸念を表明していた。ミケランジェロの《最後の審判》が除幕されたとき（一五四一年）、そこに氾濫《はんらん》する裸体がいかに大きなスキャンダルを惹き起こしたかは、広く知られるところであろう。トレント公会議（一五四五～六三年）は、最終的に、文字の読めない信者たちにとっての聖書として役立つ聖画像、という大グレゴリウス的な命題を再確認して閉幕する。翌一五六四年、まさしく「神のごとき」ミケランジェロが他界したその年に上梓《じょうし》された著書『ミケランジェロの審判図に関する多くの註釈を含む、歴史画の画家たちの誤謬《ごびゅう》と濫用《らんよう》について』のなかで、著者ジョヴァンニ・アンドレア・ジリオ枢機卿は、彼が「近代人（モデルニ）」と呼び、今日のわたしたちならマニエリストと呼ぶであろう、当代の画家たちの洗練された手法に鋭い批判の矛先を向けて、次のように述べる。

> 神聖なる特権によっていにしえの人々より伝えられてきた印をもって、廉潔で敬虔な聖なる画像を描くことは、現今の人には、安直で不体裁、古臭くて野暮でみすぼらしく、才能も技巧もないものだと思われている。そのため彼らは、廉潔さよりも技巧を優先させ、着衣の人物を描くという慣習を無視して裸体を描いてきたし、今もなお描いている。また、人物を敬虔に表わすという慣習を捨てて、頭部や腕や下肢が極端にねじれて見えるほどに歪《ゆが》めて表現してきたが、それは、瞑想している人よりもむしろ、異教徒の踊りや芝居の所作を表わしているように見える。

ジリオがここで表明しているのは、美的に洗練され感覚を喜ばせる芸術が、敬虔や神聖さを表現するにはふさわしくない、という認識である。それはある意味でまちがってはいなかったが、まるで中世末期に先祖返りしたかのような態度である。わたしたちはいまや、一六世紀前半のティツィアーノやコッレッジョのマグダラからはかなり遠いところにいる。かつてのような、官能と敬虔の幸福でおおらかな合体は、もはや不可能となる。その証拠に、一五六〇年代にふたたび聖女のテーマに立ち返ったティツィアーノは、彼女を着衣の姿に変身させているのである。しかも、六〇年代初めの作品（サンクトペテルブルク、エルミタージュ美術館／IV—4）では、ヴェールの下から半分のぞいていた胸は、六〇年代末の作品（ナポリ、カポディモンテ美術館／IV—5）になると、完全に覆い隠されている。それらには、聖書と髑髏《どくろ》も新たに加えられ、宗教的な瞑想の意義や、「ウァニタス」（生きとし生けるもののはかなさ）と「死を思え（メメント・モリ）」の教訓が強調される。

だが、かつてのマグダラはけっして死なない。官能を教訓で、美を敬虔で、感覚を理屈で押さえ込んでしまうことはできない。一七世紀に入ると、マグダラはふたたび華々しくよみがえってくることだろう。とはいえもちろん、いちど入ってしまった亀裂は、そう易々と埋められるものでもない。バロックのマグダラたちは、ティツィアーノの最初の作品に見られ

Ⅳ—4
ティツィアーノ
《マグダラのマリア》
（1560年頃）

Ⅳ—5　ティツィアーノ
《マグダラのマリア》
（1567～68年頃）

たような、ある種の大らかさ、率直さ、充足感を示すことは、もはやないだろう。彼女たちは、官能と敬虔のあいだでたえず揺れることになる。しかも、彼女たち自身が、その揺れを明らかに意識している。その自意識のさまざまな様態のなかにこそ、わたしたちの聖女がバロックという文化を象徴するゆえんがある。

2 「何と美しいことか、見なければよかったほどだ」

一六六五年の夏、短期間ながら、フランスの宮廷を訪れた彫刻家ジャン・ロレンツォ・ベルニーニ（一五九八～一六八〇年）は、今は亡き先輩画家グイド・レーニ（一五七五～一六四二年）の描いたマグダラのマリアの絵の前で立ち止まり、しばらくじっと眺めたあと、突然こう叫んだという。「何と美しいことか、見なければよかったほどだ。まさに天国の絵だ」と。この逸話を報告しているのは、『騎士ベルニーニの一六六五年のフランス旅行記』の著者シャントルーである。これがどの絵だったかは今となってはわからないが（ヴェルサイユ宮殿所蔵のものであろうか）、実際ベルニーニが、レーニの描く聖女に深い感銘を受けていたらしいことは、その彫刻作品も証言している。たとえば、ヴァティカンのサン・ピエトロ大聖堂にある《ウルバヌス八世の墓碑》（一六二八〜四七年）のための「正義」の擬人像や、シエナ大聖堂のキージ礼拝堂のための《マグダラのマリア像》（一六五八〜六四年／Ⅳ—6）などがそれで、有名な《聖女テレジアの法悦》（一六四七〜五二年、ローマ、サンタ・マリア・デッラ・ヴィットリーア聖堂）ですら、レーニのマグダラなしには考えられない、といってもおそらく過言ではない。

模範となったレーニ作品とは、《悔悛のマグダラのマリア》（一六三三年以前、ローマ、コルシーニ美術館／口絵—7）のような例である。ここで聖女は、画面を大きく斜めに横切る全身像で登場する。場面はやはり、サント・ボームの洞窟で、天使たちによって空中に持ち上げられる直前の、深い瞑想の状態を表わしているように見える。事実、その眼差しは、顕現した天使たちの指差す上空へと向けられ、左手は髑髏の上にのせられている。肘《ひじ》をついて頭を抱える右手

Ⅳ—6　ベルニーニ《マグダラのマリア像》（1658〜64年）

は、伝統的に「メランコリー」の仕草であるが、マグダラとメランコリーとがどう関連するのかについては、後の節であらためて述べることにしよう。主の受難を暗示する十字架や、苦行を示唆する鞭といった、細部の設定にも注意が向けられている。これら小道具類は、明らかに宗教的な要請に応えるものである（ヴィットリア・コロンナのためのティツィアーノの絵では、これらはあえて描かれてはいない）。その下半身は、豊かに波打つ対角線状の襞《ひだ》――その下に投げ出された素足とともに、ベルニーニを魅了したにちがいないもの――にくるまれる一方で、あらわになった上半身は、薄衣と長い金髪で巧みに隠されている。

本作は、ローマの枢機卿アントニオ・サンタクローチェのために描かれたことが知られているが、このタイプのレーニのマグダラ像は、とりわけローマの高位聖職者たちのあいだで、個人のコレクションとして人気を博していたようである。これとほぼ同じ場面設定をとりながら、全身像ではなくて、膝下のところまでで画面が切れているヴァージョンもあって、すくなくとも二つが伝わっている（いずれも個人蔵／Ⅳ－7）。これらでは、十字架などの宗教的な小道具が消え、代わりに、聖女のあらわな胸が金髪のあいだからのぞいている。こちらのほうは、やはりローマの枢機卿で、芸術愛好家にしてコレクターでもあったフランチェスコ・バルベリーニを虜にしたものである。これらにくわえて、半身像や胸像のマグダラのマリアを入れると（コピーとおぼしきものも含めて）、レーニのマグダラ像は、ゆうに六〇点を

IV—7　グイド・レーニ《マグダラのマリア》（1627年頃）

超える数になる。

レーニの描くマグダラが、これほどまで人気を博した理由は、いったいどのあたりにあったのだろうか。この画家が、おそらくは注文主の好みに応じて、巧みに描き分けていることは、つい今しがた見たとおりである。個人コレクター用ではなくて、教会堂という公共の場に飾られるものでは、ヴォルテッラの大聖堂の例が示しているように、コルシーニ美術館のタイプを踏まえつつも、聖書や十字架、鞭や髑髏など、瞑想と苦行と教訓を伝えるモティーフをいっそう際立たせ、聖女自身の姿もずっと慎ましやかに描いている。要するに、レーニは、当時の教会人たちが望んでいた、場にふさわしい表現——いわゆる「適正（デコールム）」——をしっかりとわきまえていたのである。その点で、レーニは、「適正」にほとんど無頓着《むとんじやく》であったカラヴァッジョとは、ひじょうに対照的である。

半身像の場合でも、裸の胸を髪で覆い、香油の壺を手に天を仰ぐもの（一六二〇年頃、リヒテンシュタイン・コレクション／Ⅳ—8）、十字架に向かって熱烈な祈りを捧げるもの（クインペル、美術館）、ただひたすら天を見つめるもの（ロンドン、ナショナル・ギャラリー）、逆に胸に手を当ててうつむいて瞑想するもの（ローマ、カピトリーナ絵画館）など、さまざまなタイプを描き分け、そのいずれにおいても敬虔さという宗教的な要請から外れないように気を配るとともに、場合によっては、官能的な美しさのほうを際立たせようとする。その場合、画家は、ニオベー像などの古代彫刻や、かつてラファエッロが描いた理想的な聖女たちの表情を積極的に取り入れることによって、注文主たちの心を摑《つか》もうとしている。その意味でもやはり、レーニの手法は、通りの娼婦たちをモデルに描いたといわれるカラヴァッジョの対極にくるものである。

二人のこのような違いは、マグダラのみならず、聖フランチェスコや洗礼者聖ヨハネにもはっきりと現われている。カラヴァッジョは、同時代の貧しいカプチン会修道士をモデルに聖フランチェスコを、いたずら好きな通りの少年たちをモデルに洗礼者を描いたが、その事

IV—8　グイド・レーニ
《マグダラのマリア》
（1620年頃）

実をあえて隠そうとはしなかった。目に見えるもの、感覚的なものの次元にあくまでもとどまろうとするカラヴァッジョに対して、レーニは、感覚を超えて神秘へと向かうものを表現しようとする。それゆえレーニの絵が、当時から、「天使の手で描かれた」と評され、「優美」や「神聖」や「完璧なる理想」と形容され、「観る者をとても甘美な法悦へと誘う」（マルヴァジーア）と称賛されてきたのも、偶然ではない。

　レーニはまた、巧みに「感情表現（アッフェッティ）」を描き分けることで名声を博してもいたが、マグダラにおいてもその手腕は発揮されている。いずれのタイプの聖女でも、観賞者がまず注意を引きつけられるのは、その両眼の表現である。何かを求めるかのように上方を仰ぐその瞳は、透き通る小さな鏡となって、天上の光を反射する。それは、不可視なるものをひたすら見つめようとしている瞳であり、その見返りに、神秘の光を受けとっているのである。まさしく絵の核心をなすともいえるこの瞳の表現によって、レーニは、聖女の悔悛、浄罪、瞑想、神への愛、法悦へとわたしたちを誘う。画家が晩年に描いた《悔悛のマグダラ》（一六四〇年代初め、ミラノ、アンブロジアーナ絵画館／Ⅳ―9）は、同じ時期に手がけた他の聖者たちと同様、その淡くて薄い色調によって、ほとんど霊的な存在にすら近づいている。

このような神秘への超越性は、しばしばエロスの域をかすめる。とりわけ、豊かで繊細な金髪がはだけた胸にまといつくとき、その両義性は頂点に達する。マグダラの髪には、もともとこの両義性が潜在していたが、レーニはそれがもつ美的な表現力をとことん突き詰める。この画家が、いかに頭髪を描くことに腐心していたか、そのエピソードを、『ボローニャ画人伝』（一六七八年）の著者カルロ・チェーザレ・マルヴァジーアが伝えている。

頭髪の整え方、ヴェールの調整、頭部を覆う布については、大いに多様性があり、どれもいつも新しく、思いのままに垂らされて、ますます優雅になっている。そのため、

IV―9　グイド・レーニ
《悔悛のマグダラ》
（1640年代初め）

彼（レーニ）がそれらの手本だといわれるのも、もっともなことである。彼は、鉢や球の上に麻や絹の組み紐《ひも》を付けて、風変わりに組み合わせたり、整えたり、奇妙に結わえたりする方法を弟子たちに教えている。そうして、ある種の無頓着さを表現しようとしているのだが、そのやり方は、偉大な詩人も言うように、技巧的なものである。頭髪が黄金色に垂れ下がり、束となって波打つすばらしい様子は、彼のマグダラやシビュラに見られるとおりである。

マルヴァジーアによれば、レーニの描くマグダラの髪は、ぞんざいでだらしなく無頓着（ネグリジェンツェ）に見えるが、それは、意図的で技巧的な（アルティフィチアーリ）もので、できるだけ優雅に見えるように計算されたものだ、というわけである。ここで、詩との比較がでてくるのは、けっして偶然ではない。きちんと結わえた髪と、無造作になびかせた髪とでは、どちらが女性をより美しく見せるかは、ペトラルカ以来、文学のテーマとして好んで取り上げられてきたものだったからである。たとえば、美女の条件について仔細に論じた書物『女性の美と徳について』（一五五四年）のなかで、著者フェデリコ・ルイジーニは、「原則を外れて、髪を無造作に伸ばし、うなじにまとわりつかせ、左右の肩のうえに垂れ下がっているように見せるのは良くないかどうかを考察することにしましょう」と述べ、ウェルギリウスやペトラルカの例を挙げた末に、結局これを称賛している。レーニのマグダラは、明らかにこうした観賞者たちの眼差しの欲望に応えるものであったにちがいない。

そのマグダラがいかに人気を博したかは、コピーの数とともに、レーニの後継者たちの作品によっても証明される。グイド・カニャッチ（一六〇一～六三年）が手がけた多くのマグダラたちも、《悔悛のマグダラ》（一六三七年、ウルバニア、サンタ・マリア・マッダレーナ聖堂／Ⅳ―10）や、《天に昇るマグダラ》（一六四〇年頃、フィレンツェ、ピッティ宮／口絵―8）のように、天を仰ぐクリスタルのような瞳に一条の光を反射させ、やや乱れた長い金髪で裸身を覆っている。それにくわえてこの画家は、またきわめて特異なマグダラのイメージをわ

IV—10
グイド・カニャッチ
《悔悛のマグダラ》
（1637年）

たしたちに残してくれているが、それについては後述しよう。

　レーニのマグダラと瓜《うり》二つのマグダラは、当時の文学作品のなかにも登場している。たとえば、ヴェローナの医者にして作家のフランチェスコ・ポーナが著わした『名婦伝のギャラリー』（一六三二年）のなかのマグダラ。この本は、ことばによって絵を記述し、豊かな視覚的イメージを読者に喚起させようとする、バロックお得意のレトリックを駆使したもので、四人の神話の「淫《みだ》らな女性」（レダ、ヘレネー、豊饒《ほうじょう》の女神デルケトー、セミラミス）、四人の伝説の「貞節な女性」（ルクレティア、ペネロペー、アルテミシア、イプシクラテア）、四人の実在の「聖なる女性」(マグダラ、聖女バルバラ、聖女モニカ、聖女エリザベト)の三部構成からなる。マグダラのマリアの一部を引用しておこう。

波打つその髪は自然な金髪で、結び目ごとに真珠のついた黄金の網のなかに結い束ねられていたが、この編み物の牢獄《ろうごく》から、幾本かの頭髪が逃れ出ているさまは、まるで、秩序に逆らって、完璧な声のなかにただひとつだけ調子外れの声の混じった合唱を聴いているかのようであった。その額は、表紙のようにぴかぴかと光っていた。まつ毛はこのうえなく美しく、両目は甘美なまでに潤んでいて、たえず動いていたが、その動きは、たとえて言うなら、星たちがその安定性のなかで見せるようなものであった。口は、きわめて繊細な朱色に染められたリボンに似ていた。彼女のすべては美であったが、しかし淫らでもあった。その手は、手袋のような柔らかさ、薫り高さを隠しもっていた。そしてその身を、豊かなマントで着飾っていた。

秩序に逆らう金髪、甘美なまでに潤む両目、それらは、マグダラの美と淫らさとを同時に醸し出す。マグダラの美は、いまや、この淫らさなしではありえないものになる。彼女は、貞節だが淫らで、しかも美しくて神聖でもあるといった、パラドクシカルな多義性を秘めた存在となる。
文学作品のなかからもうひとつ例を挙げておこう。ジョヴァンニ・バッティスタ・アンドレイーニの長編詩『ラ・マッダレーナ』がそれで、一六一七年にヴェネツィアで出版された後に、モンテヴェルディによって曲がつけられ、マントヴァやフィレンツェの宮廷で何度か上演され、成功を収めたものである。聖女の美しさは、以下のように詠われる。

黄金の髪が、炎のように輝いて、
優雅にきらめくのが見えた。
両目は、二つの明るい星のごとく、
そこには、まるで愛神アモールが、その御殿に鎮座しているかのようであった。
美しい頬は、百合の花々でできていて、
テュロス産のポルポラで染められていた。
そして、金色の衣服のあいだからのぞく麗しい胸は、
まるで優雅な庭園のように、二つのリンゴを受け入れている。
（テュロスとは古代フェニキアの海港、ポルポラは貝から採られた赤紫色の染料のこと）

ここでも、優雅にきらめく黄金の髪と、愛神アモールを宿す両目と、二つのリンゴのような胸とが強調されている。いずれも文学的なトポス（定型表現）に基づくもので、たとえば、胸をリンゴにたとえる伝統は、古代にさかのぼり（アリストファネスの『リシストラータ』）、前にふれたルイジーニの『女性の美と徳について』にも登場している。いわく、「小さく、丸く、引き締まって、かたく、まさに丸くて甘い二つのリンゴ」のようだと。このような文学作品は、当時の人たちが、レーニのマグダラをどのような眼差しで享受していたかを、わたしたちに教えてくれるものでもある。

アンドレイーニの詩においてマグダラは、最後にはついに「ヴィーナス」とさえ呼ばれている。

あなたマグダラよ、美しくも神聖なるヴィーナスそのものであるあなたよ、
地上の女神たちのなかでも、
天なる星の偉大なる創作者と、あなたを呼ぼう。
あなたのキプロスは、聖なる岸の海にある。
この世で、あなたの愛人イエスは甘美と呼ばれ、
天使たちはアモールたちと、恩寵はセイレンと呼ばれる。

至高天にあるあなたの神殿は、
崩れることもなければ、矢を恐れることも知らない。

異教とキリスト教、女神と聖女すらも、マグダラのマリアの両義性において合体する。マグダラのこのような変身は、視覚芸術の次元においてさらに顕著である。というのも、マグダラが十字架や髑髏を短刀に持ち替えるなら、凌辱《りょうじょく》を受けて自害するルクレティアへと、あるいは毒蛇に置き換えるなら、エジプトの女王クレオパトラの自殺へと、比較的簡単に変わりうるからである。実際、グイド・レーニは、女性の美徳や純潔を象徴するこれらのテーマも得意としていて、やはり多くの作品を残しているが、彼女たちとマグダラのマリアとの類似性は明らかである。ここでは、たとえば《クレオパトラ》（一六三八〜三九年、フィレンツェ、ピッティ宮／IV—11）のような作品を挙げるにとどめよう。先輩の後塵《こうじん》を拝して、グイド・カニャッチもまた、マグダラ＝ルクレティア＝クレオパトラの連

IV—11　グイド・レーニ《クレオパトラ》（1638〜39年）

想に絵筆を遊ばせるが、その調子は、ますます妖艶《ようえん》かつ感傷的になっている。

フランス美術に大きな影響を与えたオラツィオ・ジェンティレスキ（一五六三～一六三八年頃）の《悔悛のマグダラ》（一六二五年頃、ウィーン、美術史美術館／口絵―9）は、数点のヴァージョンが伝わり、人気を博していたことがうかがえるが、同じ画家の手になる異教の女神《ダナエー》（一六二〇年代初め、クリーヴランド、美術館）と、まるで姉妹であるかのように見える。こうした連想は、当時の観賞者にもはっきりと意識されていたにちがいない。ヤコブ・ゴル（一六六〇～一七三七年）の不思議な版画《マグダラの墓》（一六八〇年頃／IV―12）では、古代風の建築や彫刻の断片に囲まれた、完全に異教的な雰囲気の漂うサント・ボームの洞窟のなか、やはり古代風の供儀をあしらった浮き彫りの石棺の上に、髑髏を枕に肘をついて横たわる聖女の彫像がのっている。その姿は、ルネサンス以来、しばしば横たわる女性像の図像の源泉となってきた、古代のアリアドネーの泉の彫刻を髣髴《ほうふつ》させるところがある。一方、フランチェスコ・フリーニ（一六〇四～四九年）による《悔悛のマグダラ》（一六三三年頃、フィレンツェ、個人蔵／IV―13）は、スザンナかバテシバの水浴の場面すら思い起こさせる。変身、偽装、気取りというバロック的な修辞学において、マグダラのマリアはまさしく主役の座を占めているのである。その意味では、バロックのマグダラはまた、一八世紀に流行する「ファム・ファタール」のイメージを先駆けているとも言えるだろう。

IV—12
ヤコブ・ゴル
《マグダラの墓》
（1680年頃）

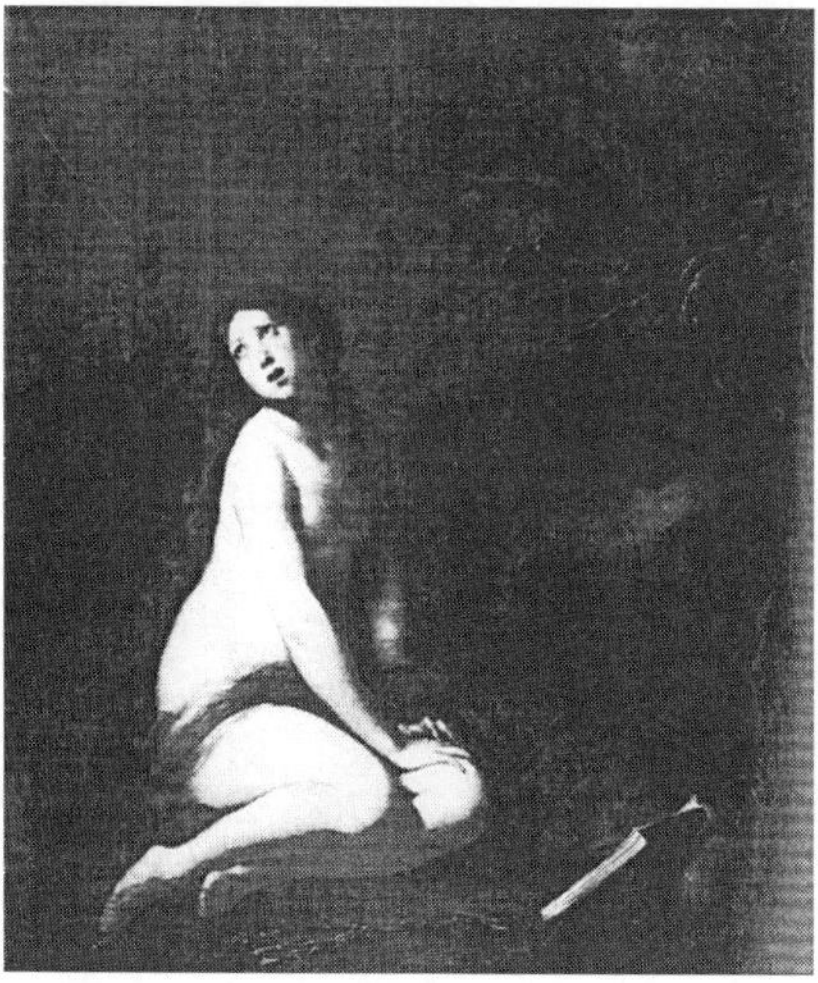

IV—13　フランチェスコ・フリーニ
《悔悛のマグダラ》
（1633年頃）

IV—14　ジャン・クーザン《エヴァ・プリマ・パンドラ》（1540年頃）

キリスト教の枠を越えて、豊かな連想を喚起させるマグダラの役回りは、実は、すでに一六世紀には表面化していたと考えられる。ティツィアーノの作品が、同じ画家の手になるヴィーナスと瓜二つであることは、すでに見たとおりである。もうひとつ、興味深い例として、ジャン・クーザン（一四九〇頃～一五六〇年頃）の《エヴァ・プリマ・パンドラ》（一五四〇年頃、パリ、ルーヴル美術館／IV―14）を挙げることができる。横たわる美しい女性は、エヴァにしてかつパンドラ。言うまでもなくパンドラは、神々から「すべての賜物《たまもの》」を与えられた最初の地上の女性であったが、同時に、すべての禍《わざわい》を閉じこめた壺も持参していた。この二つの壺はそれぞれ、絵のなかで、彼女の左手の下、台座の上に置かれている。パンドラもまた、善と悪、賜物と禍、希望と無知のあいだを振れ動く、両義的な存在なのである。美しい裸体にそえられる壺と髑髏という設定は、観る人にマグダラとの連想を誘わずにはおかない。旧約聖書のエヴァ、ギリシャ神話のパンドラ、新約聖書のマグダラのイメージが、クーザンの作品において、ひとつに溶け合っているのだ。

とはいえ、もちろんマグダラは、美しくも官能的な悔悛者であったばかりではない。彼女は苦しみ、嘆き、みずからを痛めつけた女性でもあった。バロックは、この役回りをどのように演出したのであろうか。それが、次の問題である。

3 「たとえ深く傷ついた人でも、なおも美しいということはありうるだろう」

フランスのローマ大使の秘書でプッサンの友人でもあったアンドレ・フェリビアンは、『いとも卓越せる古今の画家たちについての対話』（一六六六～六八年）のなかで、わたしたちの聖女について次のように述べている。

もしも、砂漠で悔い改めの苦行をしているマグダラを、若々しくて健康そうに描くとしたら、真実らしさに欠けることになるだろう。だが、たとえ深く傷ついた人でも、な

IV—15　オラツィオ・ジェンティレスキ《悔悛のマグダラ》（1615年頃）

おも美しいということはありうるだろう。それゆえ、その苦痛は、まさしく美しさが透かし見られるヴェールのようなものとしてのみ、その顔に刻まれなければならない。とりわけ、マグダラが回心して間もない頃のように、その苦痛がまさに始まったばかりで、その刻印を身体に残すだけの余裕もまだないときであれば、なおさらのことである。かててくわえて、たとえ悲しいからといって、人は必ずしも、その顔の特徴がゆがめられ、識別できなくなるほどの状態に陥る、というわけではない。

苦痛というヴェールを通して美を透かし見せよという、サド侯爵やザッヘル・マゾッホすら連想させるようなこの助言は、しかし、実はこの時点ではすでに、イタリアの画家たちの作品によって実現されていたものである。とりわけ、オラツィオ・ジェンティレスキによる別の《悔悛のマグダラ》(一六一五年頃、ファブリアーノ、サンタ・マリア・マッダレーナ聖堂／IV―15)は、中部イタリアの小さな町の、聖女に捧げられた小さな教会堂のために描かれたものではあるが、この意味で重要な作品である。

場面は、いつものようにサント・ボームの洞窟の前。磔のキリスト像を手に、聖女は額に皺を寄せて、大粒の涙を流しながら、ひたすら主の受難を瞑想し、それをみずからにも引き受けることで、罪を悔い改めようとしている。聖女の背後には、枯れ枝だけの裸の木と、葉の生い茂る樹木とが対照的に並べられているが、これは、救済以前と以後とを象徴的に表わす設定(いわゆる教訓的風景)として、ルネサンス以来、いろいろな宗教主題においてよく用いられてきた手法である。香油の壺、髑髏、聖書といったお決まりの小道具類にもこと欠かないが、レーニが描く聖女の悔い改めのイメージとは、かなり雰囲気が異なっている。レーニの聖女がほとんどの場合、天を仰いで、神への愛に浸っているとするなら、ジェンティレスキのこの聖女の険しい表情は、むしろ、中世末期の苦行のイメージに先祖返りしているかのようである。一三世紀末に「鞭打ち苦行会」が産声をあげたウンブリア地方に近いこの町では、おそらく民衆のあいだに、その心性が根強く生き続けていたのであろう。この絵が飾られていた教会堂は、また施療院としての役割も果たしていたという。この画家はまた、カラヴァッジョの芸術にも深い関心を寄せていたが、その痕跡は、明暗の効果的な対比にも見られる。さらに聖女は、土で汚れた足の裏をあえてわたしたちのほうに向けているが、これも、カラヴァッジョがたとえば《ロレートの聖母》のひざまずく巡礼者で試みていたことで、そのためにこの無頼の画家は批判されてもいた。

このように、ジェンティレスキのマグダラには、中世末期の「鞭打ち苦行会」の心性がなおも残存し、そこにカラヴァッジョ的な自然主義が合体しているのだが、だからといって、聖女の美しさや官能性が軽んじられているわけでもない。フェリビアンの巧みなことばをふたたび借りるなら、苦痛というヴェールを通して美を透かし見せているのである。グイド・レーニがお得意としたような、やや無造作に乱れる豊かな金髪は、ここでは、文字どおり、苦行する裸身を透かし見せるヴェールとして役立っている。だが、その美しい髪そのものにも、またその下からのぞく白い腕や胸にも、長い苦行を証拠立てるあからさまな跡はない。このジェンティレスキのマグダラは、レーニとも、カラヴァッジョとも異なるものである。そのすぐれた先達は、北イタリアの画家モレット（一四九八頃～一五五四年）の描く聖女のイメージに求めることができる。とりわけ《ピエタ》（ワシントン、ナショナル・ギャラリー）や《シモンの家の会食》（一五五〇～五四年、ブレシャ、サンタ・マリア・カルケラ／IV—16）のなかの彼女は、痛ましくも美しいその姿において、それまでに類例がない。

IV—16　モレット《シモンの家の会食》（1550～54年）

マグダラのこうしたイメージをさらに発展させるのは、グエルチーノ

（一五九一〜一六六六年）である。ヴァティカン美術館にあるその《マグダラと二人の天使》（一六二二年頃／口絵―10）は、もともとローマのコルソ通りのサンタ・マリア・マッダレーナ・デッレ・コンヴェルティーテ聖堂にあったもので、その名が示すように、悔悛した娼婦たちを収容する教会堂のために描かれ、一七九八年にこの教会が廃止されるまでそこに飾られていた。本来の用途の点では、この絵は、ジェンティレスキ作品や、第Ⅲ章で見てきた例と近いものである。マグダラは、天使のひとりがさしだす大釘――キリストの受難具――を目の前にして、悲しげな物思いに沈んでいる。そのそばにはまた、同じく主の身体を痛めつけていた茨の冠も見える。聖女が肘をつく大きな石と、その上から垂れる白い布は、キリストの墓と復活を暗示しているように思われる。一方、もうひとりの天使は、天上に顕われた智天使（ケルビム）のほうを指差している。さらにここでも、枯れた大枝と生い茂る樹との対比によって、救済ないしは恩寵の以前と以後とが象徴されているのが見てとれるであろう。

グエルチーノはこの作品で、苦行のマグダラと、主の墓を訪れるマグダラのイメージとを同じ画面に重ね合わせている。それによって、受難の瞑想者であり、かつ復活の証言者でもあるという聖女の役割が暗示される。この特異な図像については、アヴィラの聖女テレジアの自伝（一五六一年）からの影響が指摘されている。主の受難を瞑想し、その身体を欲しつつも、それが不在であることを知っているテレジアは、みずからの身体とともに恍惚に浸っていくのである。

グエルチーノのマグダラはこのように、受難の瞑想と苦行という二重のヴェールの下に、恍惚と美とを包みこんで、舞台に登場する。その鼻筋には、涙の跡も光っている。涙は、悔悛のもっとも雄弁にして甘美なる証として、この時代、説教や宗教書においても好んで取り上げられたモティーフであった。イエズス会の名高い創設者で、『霊操』（一五四八年）の著者でもあるイグナティウス・デ・ロヨラ（一四九一〜一五五六年）にとって、涙の苦さを味わうことは、汚らわしい膿《うみ》が流れでるのを感じること、地獄の責苦を全身で感得することなどとともに、「五感の活用」による霊操の不可欠の過程であった。マグダラの涙はまた、「魂を浄化する涙」、「その過ちを洗い流す涙」、「嘆きの川」などといった言い回しとともに、詩のトポス（定型表現）となっていたものでもある。

たしかにバロックは、雄弁な涙にとり憑かれた時代であった。悔悛のマグダラの涙は、しばしば悔悛のペテロの涙と比較される。ペテロもまた、窮地に立たされて、イエスの仲間ではないと否定してしまった不甲斐《ふがい》ない自分を後悔して、涙を流していたのである（『マルコによる福音書』14:72）。この場面は一七世紀に好んで絵画化されたが、グエルチーノは、この主題も得意としていて、マグダラ同様、何度も描いている。

グエルチーノはまた、《わが身を鞭打つマグダラ》（一六五〇年頃、ニューヨーク、個人蔵／

Ⅳ—17　グエルチーノ《わが身を鞭打つマグダラ》（1650年頃）

Ⅳ—17）の主題も手がけている。こうした作品は当時、聖フランチェスコや聖ヒエロニムスの苦行の場面と組み合わせて描かれ、収集家にもてはやされた。中世末期では禁止されるか、間接的にしか描かれることのなかった（第Ⅲ章1を参照）、苦行するマグダラの自己懲罰の場面が、いまや堂々と披露されるようになるのである。

マグダラはそれゆえ、サディスティックでマゾヒスティックな表現の域をかすめることもある。グイド・レーニに深い感化を受けた夭折の女流画家エリザベッタ・シラーニ（一六三八〜六五年）の《わが身を鞭打つマグダラ》（一六六三年、ブザンソン、美術館／Ⅳ—18）は、その好例であろう。サント・ボームの暗い洞窟のなか、かすか

Ⅳ—18　エリザベッタ・シラーニ《わが身を鞭打つマグダラ》（1663年）

な蠟燭《ろうそく》の灯りが、聖女の胸と聖書とキリスト磔像を照らし出している。恍惚と悲哀、悦びと苦痛の入り交じったようなその表情は、半分影に沈んでいる。右手の鞭を胸に当ててはいるものの、その白い胸に痛ましい傷跡を残すことは、女流画家にはさすがにためらわれたのであろう。ここでは、自己懲罰の激しさと、神への愛の甘美な恍惚とがせめぎ合っている。一方、ファブリッツィオ・ボスキ（一五七〇～一六四二年）の《マグダラの悔悛》（一六四〇年頃、フィレンツェ、ピッティ宮／**口絵**—11）でも、若くて美しい聖女が、痛々しくも固い鎖でみずからの肩を打ちつつ、聖書を読み耽《ふけ》っている。前にもふれたフランチェスコ・ポーナは『名婦伝のギャラリー』のなかで、この

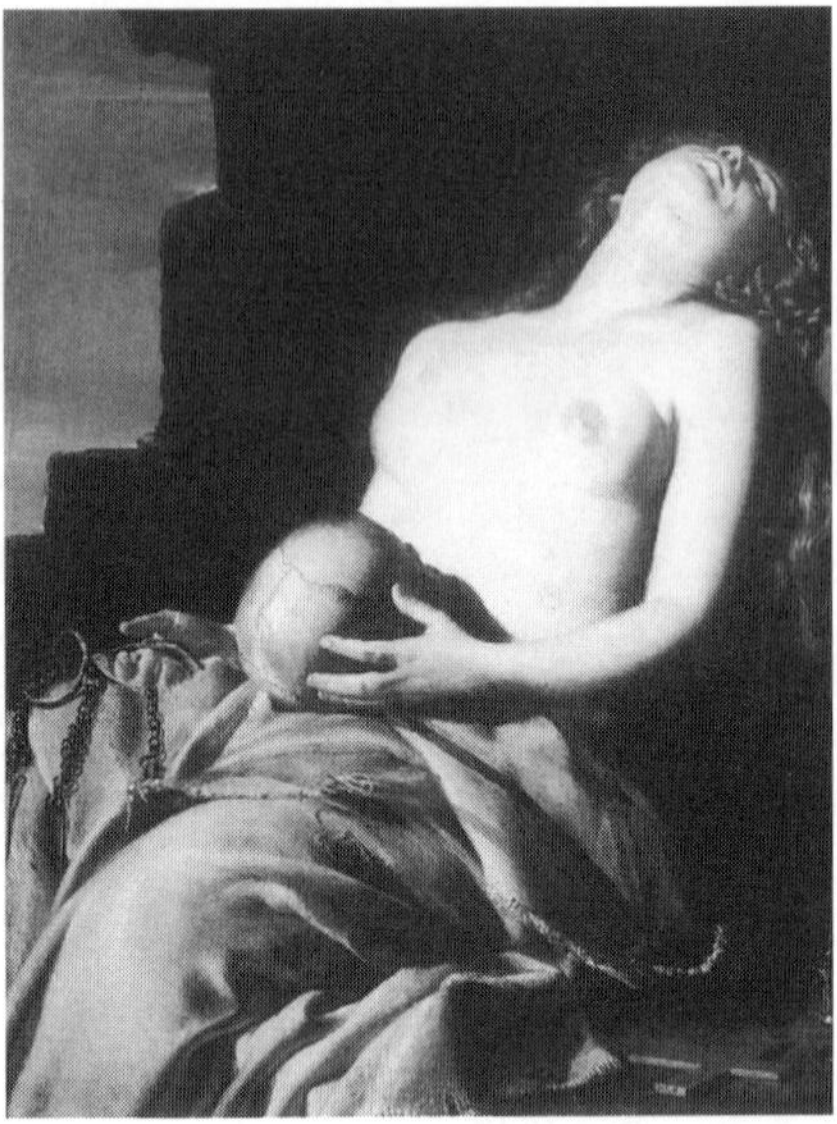

IV—19
グイド・カニャッチ
《悔悛のマグダラ》
（1640年頃）

ようなマグダラの姿を、ことばによって次のように描いている。

……度重なるすすり泣きによって、彼女は身動きがとれなくなり、口を開けて、しかしまたいっそう心を込めて、神に向かって、このうえなく親密な独白をした。すると、自分自身に対して一挙に吐き出すように、こうつぶやいた。「ああ、マグダラよ！」不純なる怪物にして、肉の悪魔！　おまえの時代の戦慄《せんりつ》すべき驚異！　諸悪の女教師にして、恥辱の炉にして、汚らわしさの巣！　おお、精神の不快な敵である肉よ、嫌悪すべき御しがたい感覚によって毒された肉よ、造り主が羽根を与えて自由にしたにもかかわらず、おまえはずっしりとしたその重みで、その魂をもさらってしまおうというのか。おまえは、その激しさで、最良の部分をも服従させようとするような女なのだろう。それゆえわたしは、おまえがわたしの不快な敵であることを、おまえに宣告し、厳しい戦いをおまえに布告しよう」。

マグダラはみずからを嫌悪しつつ陶酔へと浸っていく。とするなら、マグダラはまたみずからの鞭の犠牲者になるかもしれない。たとえば、カニャッチの描く《悔悛のマグダラ》（一六四〇年頃、ローマ、バルベリーニ美術館／IV―19）は、深い法悦に身を投げ出している瞬間を描いたものだが、その姿は、ほとんど殉教の聖女のようにすら見える。痛々しい金属の鞭を握る右手は、血の色に紅潮している。バロックは、残虐にしてしかも官能的な聖人や聖女たちの拷問や殉教の場面を好んで描き出したが、苦痛というヴェールに美と恍惚を包み込んだマグダラは、いまや、そうした殉教者たちのイメージとも重なることになるのである。

4　エヴァと聖母マリアのあいだ

わたしたちはここまで、一七世紀のマグダラが、変身と偽装というバロック的な想像力にとっていかに格好の題材となっていたかを追跡してきた。この変身の劇的な瞬間を、まさに演劇の一場面のように見せてくれる作品がある。これまでにも何度か登場願った画家、グイド・カニャッチの《マグダラの回心》（一六五〇年代、パサデナ、ノートン・スミス美術館／口絵—12）がそれである。画面下の中央に、薄い腰布にくるまっただけで、ほとんど裸でうつぶせになっているのが、わたしたちのヒロインである。そのかたわらにすわって、天使のほうを指差すのは、姉妹のマルタである。その天使は、長い棒をもって、何やら悪魔を追い払っている様子。開け放たれた扉のところには、召使とおぼしき二人の女性も見える。舞台のいちばん手前には、マグダラが脱ぎ捨てた豪華な藍色の衣装と靴、黄金や真珠の宝飾品が、これ見よがしに散らばっている。だが、彼女は、まだそのすべてをかなぐり捨てたわけではない。合掌する両手は、それとは裏腹に首飾りを握り締め、右の手首にも腕輪が光っている。

この劇的な作品において、マグダラが世俗の虚飾を放棄しようとしている瞬間は、その前後の時間の流れを観賞者に喚起しつつ、まさしく芝居の一場面のように演出されている。照明の効果も巧みである。横たわるマグダラと地上の虚飾にスポットライトが当てられる一方で、悪魔がくっきりと影のなかから浮かび上がる。回心後の光を象徴するかのように、開け放たれた扉からは、天上のテラスがかいま見え、どこよりも明るい光が差し込んでいる。

これまでになく奇抜で斬新なこの絵に、画家は、あえて「着想者（インヴェントール）」グイド・カニャッチ」と銘を入れている。みずからの着想によるものだ、というその自信におそらく偽りはないだろうが、回心前のマグダラのあり余るほどの富、美貌、肉欲を強調したのは、早くは、ヤコブス・デ・ウォラギネの『黄金伝説』であった。それによれば、主の昇天ののち、早々と私財を使徒たちに寄進したマルタとは対照的に、マグダラのマリアは、自分の財産と美貌を利用して肉欲三昧《ざんまい》の生活に身をもちくずしていた、というのである。とはいえ、一三世紀のドミニコ会士が語ったこのようなエピソードが、これほどまで雄弁に描き出されたことはかつてなかった。バロックの画家は、この物語を、まさしく急転直下のどんでん返し、運命の逆転として、文字どおり演劇的に表現しようと試みているのである。

事実、この作品と同時代の演劇との関係が指摘されている。前にも引用したジョヴァンニ・バッティスタ・アンドレイーニの『ラ・マッダレーナ』がそれで、ヒロインはここで、服を切り裂き、「髪を振り乱し、胸をはだけて、首飾りや腕輪など宝石をすべて投げ捨てる」。そこにはまた女召使も登場し（ただし二人でなくて三人）、大天使ラファエルが悪魔を追い払う。

とはいえ、カニャッチの絵でおもしろいのは、ヒロインがまだすべての宝石を捨て去ってはいないところである。マグダラはまだどこかで、虚飾に未練を残している。ヒロインが見せるかすかな戸惑い、迷いを、画家は、彼女が捨てきれないでいる腕輪と首飾りで、巧みに表現している。その迷いは、おそらく人間ならば誰もが抱くものだ。エヴァの末裔たる罪深いマグダラは、思い切るならば、祝福された処女マリアにすら近づくことができるというのに。世俗の真珠を捨てて、天の真珠を選び取るなら、救われるというのに。イエスはこう言っていたではないか。「天の御国は、良い真珠を捜している商人のようなものです。すばらしい値打ちの真珠をひとつ見つけた者は、行って持ち物を全部売り払ってそれを買ってしまいます」(『マタイによる福音書』13:45~46)。

どんでん返しの瞬間におよんでマグダラが示すかすかな戸惑い、心の揺れを、今度はことばで見事に表現しているのは、ジェノヴァの作家アントン・ブリニョーレ・サーレ(一六〇五~一六五五年)の『罪深くも回心したマグダラのマリア』(一六三六年)である。この本は、散文で語られる三部構成の物語(キリストとの出会い、主の受難、プロヴァンスでの後半生)になっているが、ところどころにソネットがさしはさまれる。以下に引用するのは、第三部に含まれるもので、悔い改めの苦行のなかでマグダラが見る一種の幻影の描写である。

わたしのいとしい人の愛情をつかむために、
美しい容姿が役に立つというのなら、
わたしは喜んで、わが身を飾り立てもしましょう。

だが、汚れなき宝石も、芳しい東方の花も、
人生の暮方の痛ましさを顔から消し去ってくれる以上には、
わたしには何の役目も果たしはしないでしょう。

どんなに些細《ささい》な欠点であれ、それをわたしから取り除こうとするなら、
また、すべての美しい色彩を、ふたたびわたしに取り戻そうとするなら、
わたしの手には、そのためのすべての技巧がそろっておりましょう。

考えてもごらんなさい、虚栄（ヴァニタ）のおかげで
いかに乾いた肌に花がよみがえるか、
水さえも火のなかから千々に飛び散るかを。

家系を偽るために生まれた白粉《おしろい》、
よる年波の跡を隠す香油（バルサミ）、
頭髪を金髪のように見せる硫黄。

結局、それがすべて。愛の策略で、
美しい少女のように魅惑しようとすれば、
わたしの顔の衰えも、回復することでしょう。

美しく装おうとして向かう鏡は、
けちな風紀取締官ではないでしょう、
些細な欠点でも打ち消すことができることを、見せてくれるのですから。

もしも、たとえ一本でも眉毛が伸びすぎているとするなら、
罪のない誇りをもって、わたしは叫ぶでしょう、
「ああ、一本の毛が、生まれ故郷の円弧を見捨てるとは」と。

もしも、不快な色彩が、わたしの両眼の光を曇らせるとするなら、
わたしは叫ぶでしょう、
「ああ、いかなる陰鬱《いんうつ》で邪悪な色彩が、わたしの目を汚すのか」と。

もしも、平らで滑らかなわたしの額に皺が寄ろうものなら、
わたしは叫ぶでしょう、
「ああ、何というむらのある皺が、わたしに襲いかかろうとしていることか」と。

わたしの美しさについて、
あなたが何かとお気遣いくださっていることに、わたしが気づいていれば、
わたしは、どんなに大きな怒りにも抵抗することでしょう。

しかし、自然が、わたしの顔に対して、
別の名誉を与えることを拒絶しているとすれば、
わたしは、以前にわたしが分けもっていたものと、
技とを合体させることでしょう。

暁の空のもとで輝きを放つ極上のダイヤモンドの数々は、
わたしの耳の下に、豊かな住処《すみか》を見いだし、

垂れさがることでしょう。

髪の毛で、光輝くアーチをつくり、
宝石と色とりどりの羽毛をちりばめ、
吹き付ける風と優雅に競わせることでしょう。

アラブの貝殻の豊潤な光が、
恭《うやうや》しくわたしの首に巻きつき、
わたしは、キプロスの女神(ヴィーナス)にも勝利することでしょう。

だが、いったいそれがどうしたというのですか。
あなたのお望みは、肉体の美しさに向いているのではありません。
地上の懐にいるときには、魂は、そうした優美さに引き込まれていました。
あなたにとって、しかし、もっとも純粋な心こそが、称賛されるものです。
その心は、あなたの愛に、隅から隅まで燃えることでしょう。

これこそが、真の美であり、あなたのお気に召すものなのです。

それゆえ、別の光、別の閃光《せんこう》のもとに行きなさい。

別の唇、活き活きとした別の紫色のもとに向かいなさい。

別の園にある百合や薔薇のもとに向かいなさい。


すべてのともし火は、このような胸のなかに訪れるのです。

わたしの心の真ん中は、炎の球となることでしょう。

わたしの思いは、モンジベッロ（エトナ山）の大きな炉となることでしょう。

もしそうであるなら、ああ、我が神よ、わたしは何も望みません。望んでもわずかです。

たとえ望むとしても、ごくわずかのことだけです。

本当に、いたずらに望むのではありません。

わたしの過ちをすっかり清めるためだけでも、
これほどの火が必要なのです。さていまや、あなたと、我が神とを愛するために、どれだけの火がわたしに残されているでしょうか。

ああ、わたしのいとしい人よ、わたしにはあなたがいらっしゃいます。

止めなさい、止めなさい、別の火を呼び寄せるのは。

これよりも美しい炎はありえないのですから。ああ、これぞわたしの願い。


不死の生あるところにて、燃え尽きるということ。

マグダラはここで、かつての美貌を深く悔やみ、自分を引き立たせるために浪費されるさまざまな人工の技や宝飾品を断固退けようとしている。真の愛と不死の死を生きるためである。とはいうものの、マグダラの心には、白粉、香油、金髪に染める硫黄、鏡、極上のダイヤモンド、色とりどりの羽毛、アラブの貝殻の豊潤な光といった幻影たちが、次々と浮かんでは消えていく。それらは、マグダラに、キプロスの女神ヴィーナスに勝るとも劣らない美しさをもたらすものだ。「だが、それがいったいどうしたというのですか」、マグダラはふたたびこう自分に言い聞かせる。エヴァからマリアへといっそう近づくためである。だが、それでもやはり、マグダラが完全に邪念から解放されることはないだろう。それが人間というものだ。現世の虚飾は空しい。しかし、わたしたちは、そこに引き寄せられずにはいられない。

アンドレイーニもまた、マグダラを幾重にも呼びかえているが、それらはおたがいに矛盾すらする響きをもつ。「名高き悔悛者」「涙の殉教者」「罪深き聖女」「祝福されし女使徒」「清らかな信者」「髪を振り乱した女」「光のなかで涙にくれる女」「震えてひざまずく女」「飾りを捨てた謙虚な女」などといった調子である。さらに、彼女の変身ぶりは、以下のように詠われる。

わたしが今見ているあなたは、マグダラか、それとも王女か、
はたまた、もはや別人となったご婦人か。
この慎ましやかな衣服が、
エメラルドとサファイアに輝いていた黄金色のスカートなのか。
かつてあなたは、愛神アモールの神殿の円柱だったのか。
ああ、あなたの狂った過ちに、わたしは涙し、嘆き悲しむ。
わたしは、引き裂かれた髪の毛に、苦しげな顔に、涙する。
不当なる悲しみに、かくも心は傷つけられる。

IV―20　グイド・カニャッチ《ウァニタス》(1640年代)

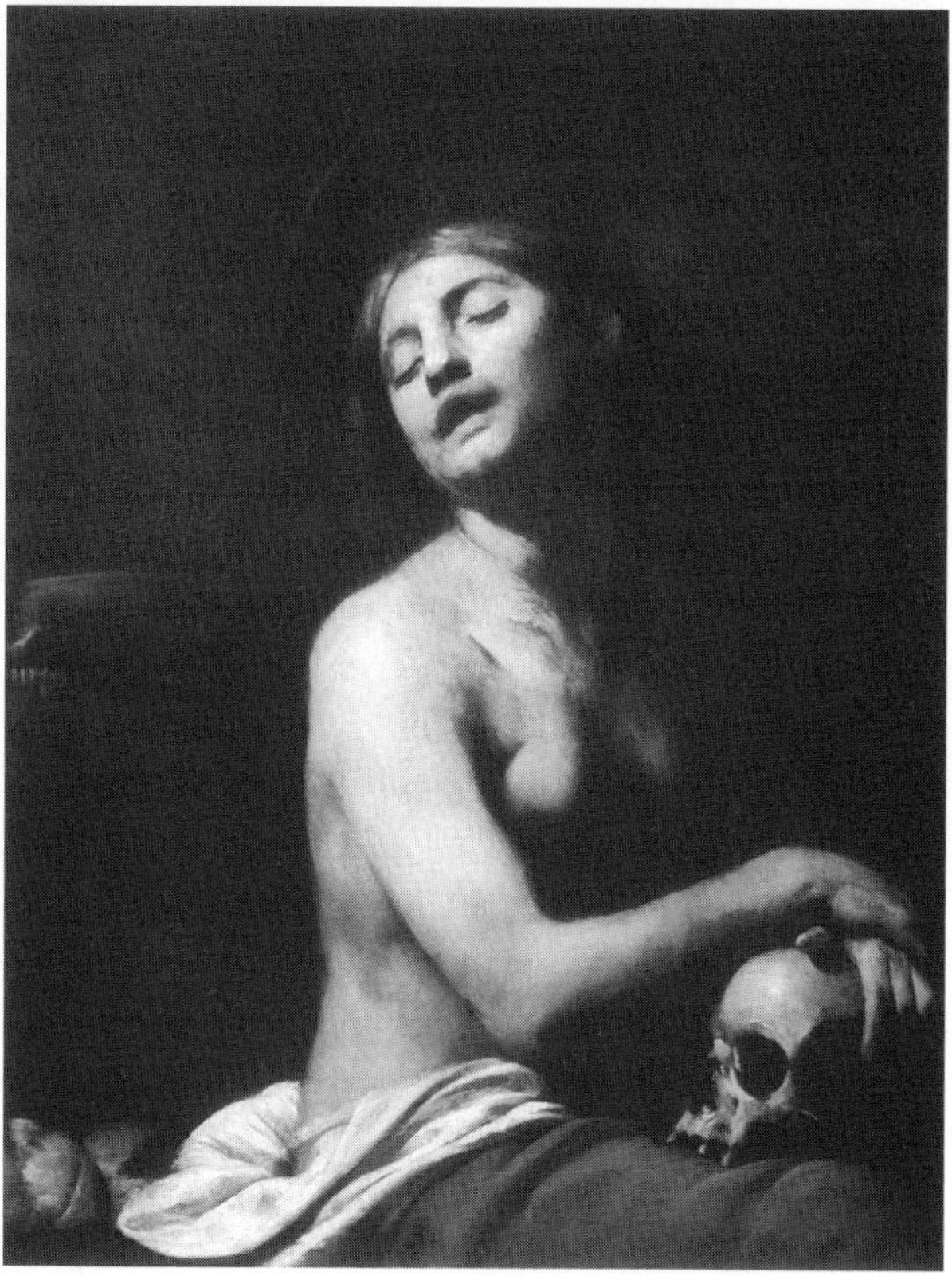

IV—21　グイド・カニャッチ《マグダラ》（1640年代）

それゆえ、いわゆる「ウァニタス（虚飾）」の教訓を表現しようとすれば、逆説的で両義的なものになるのは避けられないだろう。カニャッチの絵とブリニョーレ・サーレのソネットが、何よりもそのことをよく物語っている。虚飾から解放されるべし、というメッセージを伝えるために、その虚飾をこれでもかというほどあげつらい、見せつけるのである。それゆえ、欲望を断念させようとする意図とは裏腹に、結果的には、逆に欲望を煽ってしまうことにもなりかねない。ここにバロック的なパラドックスがある。

実際マグダラは、バロックに大流行する「ウァニタス」の図像においても、重要な役割を演じている。そして、ここでも興味深い作例を残しているのは、やはりカニャッチである。この画家の描きだす裸体半身像の《ウァニタス》（一六四〇年代、アンダルーシア、ネルソン・シャンクス・コレクション／IV－20）は、《マグダラ》（一六四〇年代、フォルリ、個人蔵／IV－21）とまるで双子の姉妹のように見える。「死を思え（メメント・モリ）」の象徴である髑髏は、どちらの絵にも登場するが、《ウァニタス》に見られる不滅を意味する岩、隠遁を示唆する筵《むしろ》は、マグダラがもっていてもおかしくないものだ。彼女が手にする薔薇とタンポポ、さらに火の消えた蠟燭は、もちろん地上のはかなさを暗示するものである。この世はかくもはかない、それゆえ皆さん、マグダラのマリアのように回心し、悔悛しましょう、彼女は観

IV―22
グイド・カニャッチ
《人生の寓意》
(1650年頃)

賞者にこう語りかける。だが、その当人は、あくまでも美しくて優雅である。他方、悔悛するマグダラは、やや痛ましげに見える。

同じ画家による《人生の寓意》(一六五〇年頃、フェッラーラ、個人蔵/IV―22)をここに加えると、姉妹は三人になるだろう。髑髏、薔薇、タンポポといった小道具は、《ウァニタス》と共通している。新たに登場した砂時計と、頭上で輪をつくる蛇は、対照的な二つの時間を象徴している。すなわち、限りあるこの世の時間と、神の永遠の時間である。腰布をまとっただけで、まったく無防備なこの女性の視線は、頭上の蛇のほうに注がれている。マグダラの姉妹として彼女は、空しいこの世を否定し、永遠の時と神の愛を希求しているのだが、その一方で、現世のはかない美と官能性を臆面《おくめん》もなく誇示してい

IV—23
ドメニコ・フェッティ
《メランコリー》
(1618年頃)

るのである。この逆説的な着想は、当時かなり人気を博したとみえて、すくなくとも三つのヴァージョンが知られている。

だが、話はそれで終わらない。マグダラが「ウァニタス」になるなら、「メランコリー」にも扮装できるはずである。なぜなら、ルネサンス以来、「ウァニタス」と「メランコリー」とは深いつながりがあったのだから。事実、この扮装を描いた作品が存在している。ドメニコ・フェッティ(一五八九頃～一六二四年)の《メランコリー》(一六一八年頃、ヴェネツィア、アカデミア美術館/IV—23)である。彼女はじっと髑髏に目を落とし瞑想している。その仕草は、同じ画家が描く《悔悛のマグダラ》(一六一〇年代初め、

Ⅳ—24
ドメニコ・フェッティ
《悔悛のマグダラ》
（1610年代初め）

ローマ、ドリア＝パンフィーリ美術館／Ⅳ—24）と瓜二つである。画面手前や背後に置かれた、何本もの絵筆の束、パレット、渾天儀《こんてんぎ》（アストロラーベ）、古代のトルソーなど、人間のさまざまな知や技芸や職業を暗示する道具は、デューラーの有名な版画《メランコリーI》を想起させる。彼女のなかで、まさしくマグダラと「メランコリー」と「ヴァニタス」が合体しているのである。しかも、最近の研究によると、簡素な彼女の衣装とは不釣合いの、背中に大きく垂れる黄色いショールは、高級娼婦を暗示するしるしであったという。

　また、『ラ・マッダレーナ』をはじめとするアンドレイーニの幾つかの戯曲に主演した女優フロリンダが、マグダラに扮装している場面であるという説（シーロ・フェッローネ）もある。画家フェッティは、モンテヴェルディの曲で一六〇八年にマントヴァの宮廷で上演された『アリアドネー』に主演して名声を博していたこの女優をモデルに、《ナクソス島のアリアドネーとバッカス》を描いていた。とするなら、フェッティ作品の女性は、たんに「メランコリー」や「ヴァニタス」の象徴的教訓像であるばかりでなく、悔悛の聖女マグダラのマリアをも暗示し、さらに高級娼婦や女優といった、現実の女性のイメージをも重ね合わせていることになる。マグダラは、その潜在的な多義性を、ここでいかんなく発揮している。

5 ジョヴァンニ・バッティスタ・マリーノの詩

バロックにおけるマグダラの多彩な変容を追ってきた本章の出発点となったのは、ティツィアーノの作品であった。この章を締めくくるにあたって、ふたたびティツィアーノのマグダラに登場願おう。ただし今度は、バロックの奇想と驚異、機智と気取りを代表する詩人、ジョヴァンニ・バッティスタ・マリーノ（一五六九～一六二五年）の目を通してみた、ティツィアーノのマグダラである。巧みなことばによって絵画や彫刻に挑戦しようとするその著

『ラ・ガレリーア』において、マリーノは、ティツィアーノの描いたマグダラを題材＝口実に、絵筆ではなくてことばを武器に、自由に想像力を遊ばせる。その詩は、わたしたちがバロックの絵画や文学のなかに辿ってきた、多義的なマグダラのあらゆる側面——神聖なる愛（アガペー）と官能的な愛（エロス）、敬虔と美、苦悶《くもん》と悦楽、清貧と豪奢、悔悛と虚栄、自然と技芸——を、巧妙かつ雄弁に集約したかたちで披露してくれることであろう。

ティツィアーノのマッダレーナ

懇願と悔悛のそぶりを見せるこの女は、
人里離れた場所で、みずからを深く憂い、
若かりし華の年頃に犯した罪に、
痛ましくも美しく涙している。
主の信奉者にして、愛《いと》しき侍女として
歓迎された女の肖像。
かつては、狂った世界に迷い込んでいたが、
その後は、キリストにかくも愛された恋人。

さあ、ご覧なさい、キリストのために彼女がいかに嘆いているか。
そして、淡い四月の光が、その顔をいかに潤しているか、を。
はたまた、かつての心の重荷を下ろして、
謙虚でせつなげな様子で苦悶しているか、を。
垂れ下がる頭髪は、黄金の宝石となって、
アラバスターのような裸身に纏《まと》いつく。
その頭髪で結わえられていたのは、かつては他人、今は自分自身、
かつては世間と、今はキリストと結ばれている。そして、彼女は涙し、祈る。

幸福にして、幸運に溢れた女性、
かつては偽りの快楽の虜となり、飽きるほど満足していた。
そこにおいて、地上の愛で他人を喜ばせ、
さらに、魂をそそのかす者は、淫らな女となるだろう。
傷ついた小鳥が、穏やかな晴天に向かうように、
あるいは、痛手を負った女鹿が、湧き出る泉に向かうように、

彼女は、謙虚にも脇にいる贖い主へと向かい、
こうして、早々と、かくまわれるに至った。

貪欲で空しい感覚を蔑《さげす》み、
はかない喜びは長い苦しみをもたらすことを知っていたあなたは、
媚《こ》びへつらう人のように狂ったこの世の落とし穴や策略から、
身を守るすべを心得ていた。
この広大な大海のごとき生において、
みずみずしい若さの盛りにあって、
あなたは、この世の人間たちの波風によって
ほとんど朽ち果てた、脆い木［十字架］のなかに、
港を、中心を見出した。

豪華な天井を、あなたは、人里離れたみすぼらしい洞窟に
置き換え（ああ、何と賢明な考え、何と敬虔な意志であろうか）、
高価な亜麻布と、気高い紫の衣を、

粗野で、ごわごわして、ずたずたに引き裂かれた衣服に置き換えた。
小川のせせらぎがあなたの飲み物、木の葉が食べ物、
あなたの貴重なベッドは、石ころと茨でできている。
石ころが、あなたの美しい顔の枕に、茨が、あなたの腰の羽毛になる。
それは、あなたの身体を打ちのめし、憔悴《しょうすい》させる。

ああ、美しくもかわいそうな隠者たるあなたは、
何と人気のない洞窟のなかに居ることか。
ああ、たとえ日が暮れようとも、ここでは、
天上の光線によって、影が何と明るく照らされていることか。
ああ、とぎれとぎれの悲しげな声で、あなたは何と甘美に、
至高の愛人とことばを交わしていることか。
その行為と嘆きは、かくも活き活きと表わされているので、わたしは、
彼女が何を考えているかを見分け、何を示そうとしているかを嗅《か》ぎ取れるほどだ。

多くの愛の魂が宿り、幾度も涙した両の眼よ、

そして、幾千もの心たちよ、
あなたたちは、聖なる草木のそばで嘆きつつ、
悲しくも甘美な水滴を流す。
かつては、愛する者たちの長い列において、
ただ喜びと情熱だけの任務を帯びていた、あなたたちは、
暖かい流れに氷を溶かし、
この地上にあって、（何とも驚くべきことに）天を濡らしている。

祝福されし悲嘆、幸運にして美しき涙よ、
あなたがたこそ、彼女にとって、永遠の微笑みの原因。
あなたがたによって、美しい顔は飾られる。
海が真珠で、空が星で飾られるのとはちがって。
あなたがたと比べると、人里離れた地の水も、
天国の泉にあるという水も、影がかすむほど。
あなたがたは、美しい顔とこの世のものとも思われない髪のあいだに
ちりばめられ、花咲く岸辺と黄金のベッドに安らぐ。

あなたがたの純粋にして物悲しい結晶は、
魂を見分けるための生きた鏡。
それゆえ、彼女自身、その長年の過ち、踏み外した道のために、
あなたがたを撒布《さんぷ》されたのです。
こうして、あたかも大海に身を浸すがごとく、
彼女は、恥ずべき大罪を洗い流されたのです。
ちょうど、聖なる主の御足を洗い、
その御足を髪のヴェールでぬぐったときのように。

尊い雨のように、波打ちながら、
薔薇色に染まった白い肌のうえに解きほぐされた頭髪よ、
あなたがたは幸せだ。常ならずに取り乱され、
無造作に流れ、解きほどかれて、
ベレニーチェの素晴らしい頭髪も
とどかぬところまで垂れている。

琥珀《こはく》も黄金も、あなたがたには負けるほど。
足にまで届くなら、太陽すらも屈服させるであろう。

鮮やかな真珠と美しく輝くルビーのあいだに、
はたまた、薫り高い鮮紅色の薔薇のあいだに、
天がその甘露を授けた唇よ、
鋭い棘《とげ》で、他人の魂を傷つけようとも、
あなたは幸運だ。気高い甘美さを内に秘めて、
主の足から、純粋なる無垢を引き出したのだから。
あなたの唇は、固くて強い愛のなかで、
純潔な口づけに慣れたのです。

純白の手よ、あなたはかつて、
虚飾をむさぼろうという、
また、下品な美しさで自然をそそのかそうという、
汚らわしい願いや技に通じていました。

ああ、数々の敬虔なるお勤めの、心広い使者よ、
あなたはかつて、どれほど甘く優しい気遣いをもってしても、
憧れの前の不安や苦痛のように、
人間の罠や鎖となっていたのです。

澄んだアラバスターの肌よ、あなたはかつて、
その肢体の柔らかい香りでもって、
鮮やかな雪をあたりに振りまいていたため、
邪悪な情熱へといたることになるかもしれない。
だが、すでに、大いなる無垢によって、それら邪悪な情熱を退散させ、
本来の名誉を、美しい手に委《ゆだ》ねているからには、
あなたはまた、生まれながらの神聖なる香りに包まれ、
天使たちと神を愛したにちがいない。

とはいえ、自然と真実は、
巧みなる描き手のなせる技に屈した。

彼は、魂と頭のなかにあることを、
かくも美しく生き生きと、ここに描いてみせた。
ああ、この世のものとも思われない姿よ、
ああ、作品そのものにおいて彼が勝ち取った熟練よ、
それは、亜麻布と紙の永遠の誇りであり、
世界の驚異であり、技芸の名誉なのだ。

おわりに——生き続けるマグダラ

マグダラのマリアは不死身である。最近もわたしたちは、評判となり物議もかもした三本の映画のなかで、三様の「マグダラ」に出会ったところだ。メル・ギブソン監督の『パッション』（二〇〇四年）、ピーター・ミュラン監督の『マグダレンの祈り』（二〇〇二年）、そしてジュゼッペ・トルナトーレ監督の『マレーナ』（二〇〇〇年）である。最初のものは、文字どおりの受難劇。二番目のものは、アイルランドに実際にあった女子更生施設、マグダレン修道院での実話に基づく現代の悲惨な「悔悛」の話。そして最後は、第二次世界大戦で夫を戦地に送ったシチリアの美しい女性マレーナ（マッダレーナの愛称）が「娼婦」呼ばわりされるようになる顚末を描いた作品である。ちなみに、ここでマレーナを演じた女優モニカ・ベッルッチはまた、『パッション』でマグダラ役に扮している。このようにマグダラは、直接的にも間接的にも、さまざまなかたちで現代人の想像力のなかに生き続けている。

とりわけ現代において、彼女がもっとも活躍する舞台は、映画というメディアである。ノーマン・ジュイソン監督によるロックの受難劇『ジーザス・クライスト・スーパースター』

（一九七三年）は、まだ記憶に新しいところであろう。ティム・ライス原作、アンドリュー・ロイド・ウェバー音楽による同名のロック・ミュージカルを映画化したものだが、ここに登場するマグダラは、自分の過去をいたずらに悔いたりはしない。むしろ、彼女のほうがキリストを励ましさえする。『マタイによる福音書』に基づいてピエル・パオロ・パゾリーニがメガホンをとった受難劇『奇跡の丘』（一九六四年）でも、わたしたちは彼女に出会うが、パゾリーニは、ベタニアのマリアとマグダラのマリアを区別しているように思われる。同じパゾリーニの『アッカットーネ』（一九六一年）には、いわれなき中傷の犠牲となる、マッダレーナという名前の現代の娼婦が登場する。

ドゥニ・アルカン監督の『モントリオールのジーザス』（一九八九年）や、クシシュトフ・キェシロフスキ監督の『愛に関する短いフィルム』（一九八八年）で活躍するのも、現代のマグダラたちである。アルカン作品のヒロイン、ミレイユは、思いを寄せる男の劇団に入り、彼がイエスに扮する受難劇でマグダラのマリアを演じていくうち、現実と虚構との区別がつかなくなってくる。キェシロフスキ作品で、主人公のアンチヒーローがのぞき見をする相手は、まさしくマグダラという名の女性である。これらのなかで、現代の男女の愛の物語は、ストーリーにおいても映像においても、キリストとマグダラの関係と、微妙かつ複雑に交錯《こうさく》しあっている。

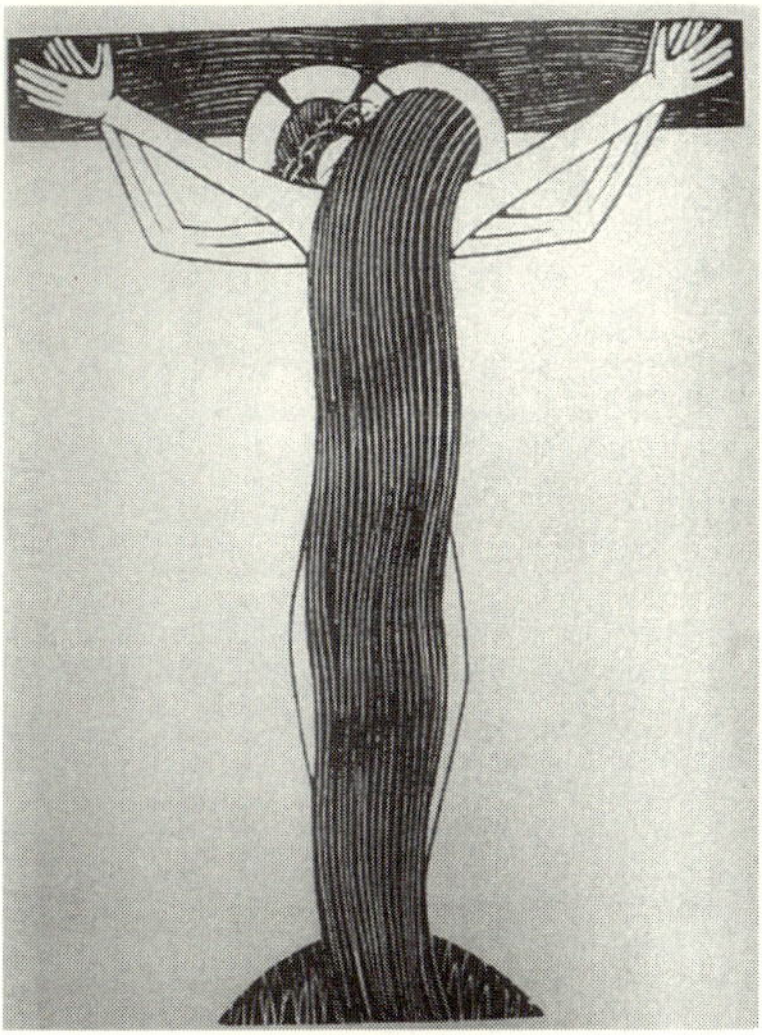

POST―1
エリック・ジル
《神の結婚式》
(1922年)

もちろん、マグダラの舞台は映画だけではない。美術では、版画家で作家でもあったエリック・ジルの《神の結婚式》(一九二二年、ロンドン、ヴィクトリア・アンド・アルバート美術館/POST―1)を挙げておこう。十字架のキリストと一体化するかのようにぴったりと重なり合うマグダラは、キリストの「花嫁」という『雅歌』解釈の伝統にさかのぼるが、宗教性と同時に不思議なエロティシズムを醸し出している。また、近代建築を代表するひとり、ル・コルビジュエが、聖地サント・ボームに、マグダラに捧げられた聖堂を一九四〇年代の初めに計画していたことも、ここで想起しておきたい。

二〇世紀の文学においても、彼女はスター的存在であり続けている。マルグリット・ユルスナールは、『火』（一九三六年／多田智満子訳、白水社、一九九二年）のなかで、婚礼の夜に福音書記者のヨハネに置き去りにされたマグダラという、中世に好まれた伝承をふたたび取り上げている。ルネ・シャールの詩（『ルネ・シャール全詩集』吉本素子訳、青土社、一九九九年）の世界でも、マグダラは特異な位置を占めている。一方、二〇世紀における受難劇の傑作といえば、やはりニコス・カザンザキスの『キリスト最後のこころみ』（一九五五年／児玉操訳、恒文社、一九八二年）であろう。このギリシャの異端児は、マグダラのマリアというキャラクターがもつ、神話的、宗教的、心理的な潜在力を最大限に引き出してみせる。世紀の前半では、メーテルリンクの戯曲『マグダラのマリア』（一九一〇年／鷲尾浩訳、一九二〇年、復刻版、本の友社、一九八九年）、D・H・ロレンスの『死んだ男』（一九三一年／福田恆存訳、新潮文庫、一九七〇年）などを挙げることができるだろう。

とはいえ、文学においてマグダラがもっとも活躍するのは、小説の黄金期である一九世紀をおいてほかにはない。フローベールの『ボヴァリー夫人』（一八五七年）、エミール・ゾラの『ナナ』（一八八〇年）、トルストイの『アンナ・カレーニナ』（一八七五〜七七年）や『復活』（一八九九年）などの古典的作品は、おそらくマグダラのマリアという原型なしでは考えられないだろう。これらのリストにはさらに、ウジェーヌ・フロマンタンの自伝的小説『ドミニック』（一八六三年／安藤元雄訳、中央公論社、一九八〇年）、ヴィクトル・ユゴーの『マ

POST―2　フェリシアン・ロップス《マグダラのマリア》(19世紀末)

リヨン・ドロルム』(一八二九年/神津道一訳、復刻版『ユーゴー全集』第4巻、本の友社、一九九二年)、ウィルキー・コリンズの社会小説『ノー・ネーム』(一八六二年/小池滋訳、臨川書店、一九九九年)など、多くの作品を加えることができる。とりわけ、厳格な性道徳や抑圧的な女性性のイデオロギーによって特徴づけられるヴィクトリア朝の時代において、マグダラは、当時の社会の現実を映しだす鏡として、なくてはならない象徴的存在になっていった。

このことはまた、一九世紀の美術にも当てはまる。たとえば、フェリシアン・ロップスは、そうした時代の風潮をあざ笑うかのように、故意にエロティックなマグダラを描く。十字架上のファルスの前で自慰にふける姿(POST―2)がそれである。ジャン・トーロップやビアズリーなどにも、同じような傾向が見られる。この時代のマグダラにはまた、当時の趣味を反映して、「ファム・ファタール」や「オリエンタリズム」のイメージが加味されてくる。ウィリアム・ホルマン・ハント、ダン

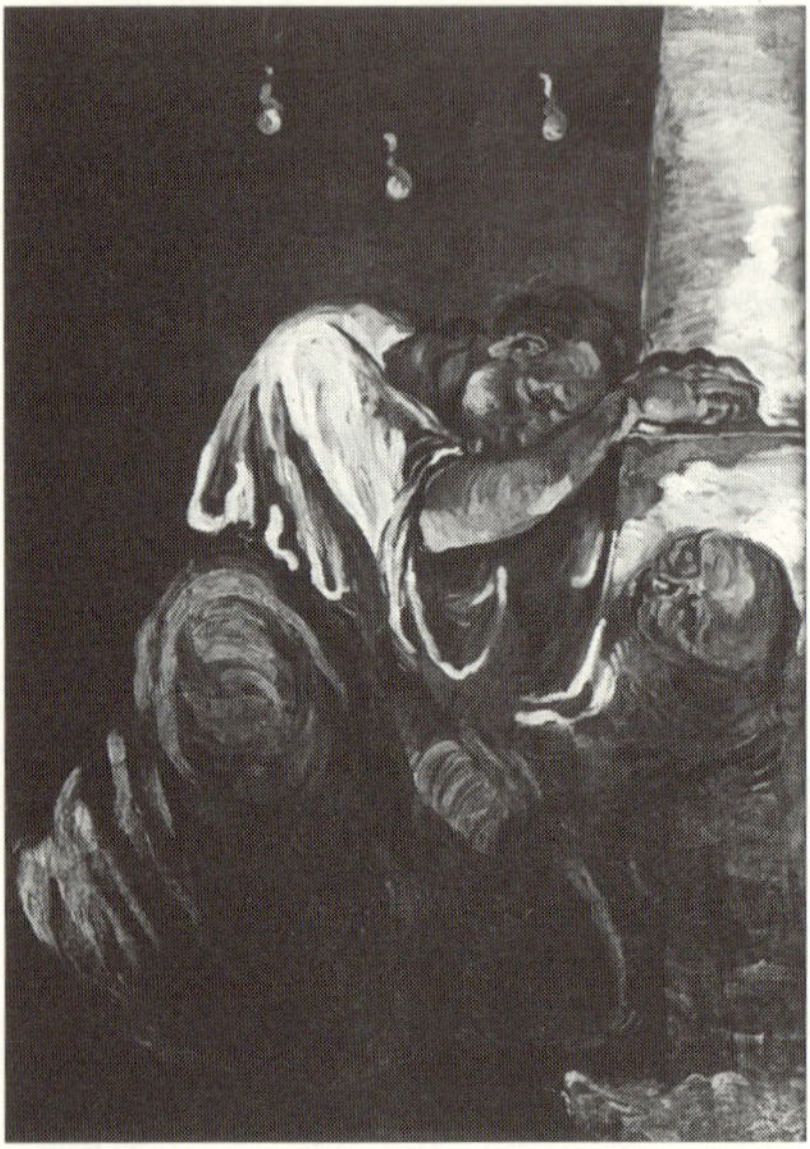

POST—3
セザンヌ
《嘆きのマグダラ》
（1865〜88年）

テ・ガブリエル・ロッセッティ、ギュスターヴ・モロー、モーリス・ドニ、ピュヴィ・ド・シャヴァンヌらが、そうしたマグダラを現代に伝えている。

とはいえ、この世紀でもっとも忘れがたいマグダラを残してくれたのは、セザンヌとロダンであろう。プロヴァンスに生まれ、この地を生涯愛したセザンヌが、まだ若い頃、地方ゆかりの聖女《嘆きのマグダラ》（一八六五〜八八年、パリ、ルーヴル美術館／POST—3）を荒々しいタッチで描いたのは、おそらく偶然ではない。リルケを魅了したロダンの石膏習作《キリストとマグダラ》（一八九二年頃、パリ、ロダン美術館／POST—4）では、十字架のイエスに全身全霊で抱きつく情

POST—4
ロダン
《キリストとマグダラ》
（1892年頃）

熱的な裸の聖女が表現されている。

さらに一八世紀にさかのぼるなら、ロココではジャンバッティスタ・ピットーニの《悔悛のマグダラ》（一七四五年頃、パルマ、国立美術館）、新古典主義ではカノーヴァの《悔悛のマグダラ》（一七九六年、ジェノヴァ、ビアンコ宮）が、それぞれの時代を代表する、忘れがたい聖女のイメージを残してくれている。文学では、アベ・プレヴォの『マノン・レスコー』（一七三一年）を挙げておかなければならないだろう。

マグダラのマリアは、これまでいちども死を経験したことがない。そして、これからもそうだろう。悪魔の化身でもあるエヴァが忌避の対象であり、逆に、あくまでも天上人である聖母マリアが気高い理想であったとすれは、マグダラは、現世を生きる人々にとってはるかに親しみ深い存在であった。愛と性、ジェンダー、信仰といった根源的なテーマにおいて、これからも彼女は、現実の社会と想像力の世界とを自在に往復しつつ、末永く生き続けることだろう。次はどのような姿でわたしたちの前に登場してくれるのか、その運命から今後も目が離せない。

*

「新書を書いてみませんか」、中公新書編集部の郡司典夫氏からお誘いがあったとき、はっきりとしたテーマの見通しもないまま、不謹慎にも二つ返事で承諾してしまった。ちょうど二年前のことであったと記憶している。引き受けたはよいものの、さてどうするか。ほかの仕事に追われて手付かずのまま一年足らずが過ぎた頃、わたしのなかでずっと引っかかっていた問題にふと思い至った。「マグダラのマリアだ」。映画『マレーナ』や『マグダレンの祈り』が、わたしの潜在的関心を意識に呼び覚ましてくれたのかもしれない。そういえば、薄明かりの部屋でモニカ・ベッルッチが鏡に向かう『マレーナ』の一場は、ジョルジュ・ド・ラトゥールの絵を想いださせる。

西洋の宗教と社会、文化と芸術を横切って、二〇〇〇年以上にもわたって生き続けてきたこの主人公に捧げられた日本語の本が、すくなくともわたしの知るかぎり、これまでになかったというのは意外なことである。だが、もちろんこの本は、マグダラのマリアの波瀾万丈《はらんばんじょう》の運命を漏らさず拾い上げることを意図したものではない。それは、浩瀚《こうかん》にして長大な研究書を要求するだろう。おもにイタリアを中心にした美術や文学や宗教のテクストの解読を通じて、ささやかながらここでわたしが明らかにしようと試みたのは、繰り返しを恐れずにいうなら、西洋の想像力にとってこの聖女がいったいどのような役回りを演じていたのかということである（本文で引用した文学と宗教のテクストは、ナグ・ハマディ文書など一部翻訳のあるものを除いて、すべて拙訳による）。マグダラ信仰にとって重要な拠点となったプロヴァンス地方、ルネサンスからバロックにおけるイタリアと北方との比較論などについて、突っ込んだ議論をすべきだったかもしれないが、それはまた別の機会にゆだねるほかはない。

今回もまた、わたしを突き動かしてくれたのは、ゼミで接する学生たちの若いエネルギーであった。ボローニャ大学に留学中の岡部宗吉君からは、中世のマグダラ讃歌集やフィレンツェの典礼劇、さらにモンテヴェルディの曲のCDをわざわざ送ってもらった。みんなに感謝したい。最後に、はじめて新書というものを書く機会を与えてくださった、編集の郡司氏に心よりお礼を述べたい。氏の勧めがなければ、わたしのマグダラが世に出ることはなかったかもしれない。

1996.
-Ferrone, Siro, *Attori mercanti corsari: La Commedia dell'Arte in Europa tra Cinque e Seicento*, Einaudi, Torino, 1993.
-Safarik, Eduard A., *Fetti*, Electa, Milano, 1990.
-クリバンスキー、レイモンド、アーウィン・パノフスキー、フリッツ・ザクスル『土星とメランコリー』田中英道監訳、晶文社、一九九一年

2001.

・グイド・レーニ

-*Guido Reni 1575-1642*, Nuova Alfa, Bologna, 1988.

-*Guido Reni e Europa: fama e fortuna*, a cura di Sybille Ebert-Schifferer, Andrea Emiliani, Erich Schleier, Nuova Alfa, Bologna, 1988.

-Malvasia, Carlo Cesare, *Felsina pittrice: Vite de'pittori bolognesi*, Arnaldo Forni, Bologna, ristampa, 1967.

-Pepper, Stephen D., *Guido Reni: A Complete Catalogue of His Works*, Phaidon, Oxford, 1984.

-Spear, Richard E., *The "Divine" Guido: Religion, Sex, Money and Art in the World of Guido Reni*, Yale University Press, New Haven & London, 1997.

・オラツィオおよびアルテミジア・ジェンティレスキ

-Bissell, Ward R., *Orazio Gentileschi and the Poetic Tradition in Caravaggesque Painting*, The Pennsylvania State University Press, University Park and London, 1981.

-Garrard, Mary, *Artemisia Gentileschi: The Image of the Female Hero in Italian Baroque Art*, Princeton University Press, Princeton, 1989.

-*Orazio e Artemisia Gentileschi*, a cura di Keith Christiansen & Judith W. Mann, Skira, Milano, 2001.

・グエルチーノ

-*Guercino. Poesia e sentimento nella pittura del '600*, a cura di Denis Mahon, Massimo Pulini e Vittorio Sgabri, De Agostini Editore, Roma, 2003.

-*Il Guercino. Dipinti e disegni, Il Guercino e la bottega*, a cura di Denis Mahon, Nuova Alfa, Bologna, 1991.

-Salerno, Luigi, *I dipinti del Guercino*, Ugo Bozzi, Roma, 1988.

・グイド・カニャッチ

-*Guido Cagnacci*, a cura di Daniele Benati e Marco Bona Castellotti, Electa, Milano, 1993.

-Pasini, Pier Giorgio, *Guido Cagnacci Pittore* (*1601-1663*), Luise Editore, Rimini, 1986.

・ドメニコ・フェッティ

-*Domenico Fetti 1588/89-1623*, a cura di Eduard A. Safarik, Electa, Milano,

1592), ristampa anastatica con premessa di Paolo Prodi, Arnaldo Forni, Bologna, 1990.
-『イエズスの聖テレジアの自叙伝』女子跣足カルメル会東京三位一体修道院訳、中央出版社、一九六〇年
-ロヨラ、イグナチオ・デ『霊操』門脇佳吉訳、岩波文庫、一九九五年

・バロックの演劇、文学とマグダラ
-Brignole Sale, Anton Giulio, *Maria Maddalena peccatrice e convertita*, a cura di Delia Eusebio, Grafica Studio Baroni, Varese, 1994.
-Fabrizio-Costa, Silvia, "Edification et érotisme: Le personnage de Marie Madeleine dans *La Galeria* de F. Pona", *Au pays d'éros: Littérature et érotisme en Italie de la Renaissance à l'âge baroque* (1re série), Université de la Sorbonne Nouvelle, Paris, 1986, pp.173-203.
-Id., "Un désir amoureux à l'amour de dieu: un roman religieux d'A. Brignole Sale", ibid. (2e série), 1988, pp.145-217.
-Marino, Giovanni Battista, *La Galeria*, a cura di Marzio Pieri, Liviania Editorice, Padova, 1979.
-Ussia, Salvatore, "Il tema letterario della Maddalena nell'eta della Controriforma", *Rivista di storia e letteratura religiosa* 24 (1988), pp.386-424.
-パノフスキー、ドラ、エルヴィン『パンドラの箱』阿天坊耀・塚田孝雄・福部信敏訳、美術出版社、一九七五年
-プラーツ、マリオ『官能の庭』若桑みどり・森田義之・白崎容子・上村清雄・伊藤博明訳、ありな書房、一九九二年
-ルーセ、ジャン『フランスバロック期の文学』伊東廣太・齋藤磯雄・齋藤正直他訳、筑摩書房、一九七〇年

・ティツィアーノ、コッレッジョ
-Aikema, Bernard, "Titian's *Mary Magdalen* in the Palazzo Pitti: an Ambiguous Painting and its Critics", *Journal of the Warburg and Courtauld Institutes* 57 (1994), pp.48-59.
-Ekserdjian, David, *Correggio*, Yale University Press, New Haven & London, 1997.
-Goffen, Rona, *Titian's Women*, Yale University Press, New Haven & London, 1997.
-Gould, Cecil, *The Painting of Correggio*, Faber and Faber, London, 1976.
-Wood, Jerydene M., "Vittoria Colonna's Mary Magdalen", *Visions of Holiness: Art and Devotion in Renaissance Italy*, ed. Andrew Ladis and Shelley E. Zuraw, Georgia Museum of Art, University of Georgia,

-Bologna, Ferdinando, *L'incredulità del Caravaggio*, Bollati Boringhieri, Torino, 1992.
-Cinotti, Mia e G. A. dell'Acqua, *Caravaggio*, Bolis, Bergamo, 1983.
-Treffers, Bert, "Immagine e predicazione nel Caravaggio", *Michelangelo Merisi da Caravaggio: La vita e le opere attraverso i documenti*, Atti del Convegno Internazional e di Studi, a cura di Stefania Macioce, Logart Press, Roma, 1995, pp.270-288.
-岡田温司編『カラヴァッジョ鑑』人文書院、二〇〇一年

第IV章

・16世紀の宮廷論、女性論

-カスティリオーネ、バルダッサッレ『カスティリオーネ宮廷人』清水純一・岩倉具忠・天野恵訳、東海大学出版会、一九八七年
-フィレンツオーラ、アーニョロ『女性の美しさについて』ルネサンスの女性論2、岡田温司・多賀健太郎編訳、ありな書房、二〇〇〇年
-ルイジーニ、フェデリコ『女性の美と徳について』ルネサンスの女性論3、岡田温司・水野千依編訳、ありな書房、二〇〇〇年

・対抗宗教改革とマグダラ

-Delenda, Odile, "Sainte Marie Madeleine et l'application du décret tridentin (1563) sur les saintes images", *Marie Madeleine dans la mystique, les arts et les lettres*, cit., pp.191-210.
-Id., "Modification des représentations de Marie-Madeleine après le concile de Trente", *Marie-Madeleine: Figure mythique dans la littérature et les arts*, cit., pp.117-127.
-Gilio, Giovanni Andrea, *Dialogo nel quale si ragiona degli errori e degli abusi de'pittori circa con molte annotazioni fatte sopra il Giudizio di Michelanger-o......* (Camerino, 1564), ed. *Trattai d'arte del Cinquecento*, a cura di Paola Barocchi, Bari, 1961.
-Mâle, Émile, *L'art religieux de la fin du XVIe siècle, du XVIIe siècle et du XVIIIe siècle. Étude sur l'iconographie après le Concile de Trent*, Colin, Paris, 1984.
-Mormando, Franco, "Teaching the Faithful to Fly: Mary Magdalene and Peter in Baroque Italy", *Saints and Sinners: Caravaggio & the Baroque Image*, ed. Franco Mormando, McMullen Museum of Art, Boston College, 1999.
-Paleotti, Gabriele, *Discorso intorno alle imagini sacre et profane* (Bologna,

参考文献

・15世紀のフィレンツェおよび『キリスト伝瞑想』

-King, Catherine E., *Renaissance Women Patrons: Wives and Widows in Italy c. 1300-1550*, Manchester University Press, Manchester and New York, 1998.

-Lightbown, Ronald, *Sandro Botticelli*, 2 vols., Paul Elek, London, 1978.

-Id., *Botticelli: Life and Work*, Abbeville Press Publishers, New York, 1989 [『ボッティチェリ』森田義之・小林もり子訳、西村書店、一九九六年].

-*Meditations on the Life of Christ. An Illustrated Manuscript of the Fourteenth Century*, trans. and ed., Isa Ragusa and Rosalie B. Green, Princeton University Press, Princeton, 1961.

-Trexler, Richard, "La prostitution florentine au XVe siècle", *Annales E.S.C.* 6 (1984), pp.845-902.

・16世紀のローマおよびヴェネツィア

-AA. VV., *Giulio Romano*, Electa, Milano, 1989.

-Aikema, Bernard e Dulcia Meijers, *Nel regno dei poveri*, Arsenle Editorice, Venezia, 1989.

-Hufstader, Anselm, "Lefevre d'Etaples and the Magdalen", *Studies in the Renaissance* 16 (1969), pp.31-60.

-Nagel, Alexander, *Michelangero and the Reform of Art*, Cambridge University Press, Cambridge, 2000.

-Id., "Michelangelo's London *Entombment* and the church of S. Agostino in Rome", *Burlington Magazine* 136 (1994), pp.164-167.

-Pardo, Mary, "The Subject of Savoldo's Magdalene", *Art Bulletin* LXXI 1 (1989), pp.68-91.

-Witcombe, Christopher L.C.E., "The Chapel of the Courtesan and the Quarrel of the Magdalens", *Art Bulletin* LXXXIV 2 (2002), pp.273-292.

-ピッコローミニ、アレッサンドロ『女性の良き作法について』ルネサンスの女性論1、岡田温司・石田美紀編訳、ありな書房、二〇〇〇年

・17世紀のローマ

-Askew, Pamera, *Caravaggio's Death of the Virgin*, Princeton University Press, Oxford, 1990.

-Bailey, Gauvin Alexander, *Between Renaissance and Baroque: Jesuit Art in Rome, 1565-1610*, University of Toronto Press, Toronto, 2003.

Rusconi, The University of Chicago Press, Chicago, 1996, pp.130-164.
-*Margherita da Cortona. Una storia emblematica di devozione narrata per testi e immagini*, a cura di Laura Corti and Riccardo Spinelli, Electa, Milano, 1998.
-Zarri, Gabriella, "Living Saints: A Typology of Female Sanctity in the Early Sixteenth Century", *Women and Religion in Medieval and Renaissance Italy*, cit., pp.219-326.
-『女性の神秘家』中世思想原典集成15、上智大学中世思想研究所編訳・監修、平凡社、二〇〇二年

・サヴォナローラとマグダラ
-AA. VV., *Botticelli e Filippino: L'inquetudine e la grazia nella pittura fiorentina del Quattrocento*, Skila, Milano, 2004.
-Macey, Patrick, "Infiamma il mio cor: Savonarolan Laude by and for Dominican Nuns in Tuscany", *The Crannied Wall: Women, Religion, and the Arts in Early Modern Europe*, ed. Craig A. Monson, University of Michigan Press, 1992, pp.161-189.

第III章

・修道院、結婚、娼婦
-Elliott, Dyan, *Spiritual Marriage: Sexual Abstinence in Medieval Wedlock*, Princeton University Press, Princeton, 1993.
-Karras, Ruth Mazo, "Holy harlots: Prostitutes Saints in Medieval Legend", *Journal of the History of Sexuality* 1（1990）, pp.3-32.
-McNamara, Jo Ann Kay, *Sisters in Arms: Catholic Nuns through Two Millennia*, Harvard University Press, 1996.
-*Storia del matrimonio*, a cura di M. de Giorgio e Ch. Klapisch-Zuber, Laterza, Roma-Bari, 1996.
-Thomas Anabel, *Art and Piety in the Female Religious Communities of Renaissance Italy. Iconography, Space, and the Religious Woman's Perspective*, Cambridge University Press, Cambridge, 2003.

・14世紀のナポリ
-Bologna, Ferdinando, *I pittori alla corte angioina di Napoli 1266-1414*, Ugo Bozzi Editore, Roma, 1969.
-Hoch, Adrian S., "Pictures of Penitence from a Trecento Napolitan Nunnery", *Zeitschrift fur Kunstgeschichte* 61（1998）, pp.206-226.

Middle Ages, ed. Edelgard E. DuBruck and Barbara I. Gusick, Peter Lang, 1999, pp.257–274.

-*Racconti esemplari di predicatori del Due e Trecento*, a cura di Giorgio Varanini e Guido Baldassari, tomo II, Salerno Editorice, Roma, 1993.

-Rusconi, Roberto, "Women's Sermons at the End of the Middle Ages: Texts from the Blessed and Images of the Saints", *Women Preachers and Prophets through Two Millennia of Christianity*, ed. Beverly Mayne Kienzle and Pamela J. Walker, University of California Press, Berkeley, 1998, pp.173–195.

・信者会とマグダラ

-Bannker, James R., *Death in the Community: Memorialization and the Confraternities in an Italian Commune in the Late Middle Ages*, University of Georgia Press, Athens, 1988.

-*Il compianto sul Cristo morto*, a cura di Jadranka Bentini e Lucia Fornari Schianchi, Bologna, 1996.

-Klebanoff, Randi, "Passion, Compassion, and the Sorrows of Women. Niccolo dell'Arca's *Lamentation over the Dead Christ* for the Bolognese Confraternity of Santa Maria della Vita", *Confraternities and the Visual Arts in Renaissance Italy. Ritual, Spectacle, Image*, ed. Barbara Wisch and Diane Cole Ahl, Cambridge University Press, Cambridge, Mass., 2000, pp.146–172.

-Lugli, Adalgisa, *Guido Mazzoni e la rinascita della terracotta nel Quattrocento*, Umberto Allemandi & C., Torino, 1990.

-Zeri, Federico, *Italian Paintings. A Catalogue of the Collection of the Metropolitan Museum of Art, Florentine School*, The Metropolitan Museum of Art, 1971.

・13～15世紀の聖女たち

-Bacci, Michele, *Investimenti per l'aldilà. Arte e raccomandazione dell'anima nel Medioevo*, Laterza, Roma–Bari, 2003.

-Cannonn, Joannna and Andre Vauchez, *Margherita of Cortona and the Lorenzetti. Sienese Art and the Cult of a Holy Woman in Medieval Tuscany*, The Pennsylvania State University Press, University Park, 1999.

-Cavallaro, Anna, *Antoniazzo Romano e gli antoniazzeschi: Una generazione di pittori nella Roma del Quattrocento*, Campanatto Editore, Udine, 1992.

-Furugoni, Chiara, "Visions, and Iconography", *Women and Religion in Medieval and Renaissance Italy*, ed. Daniel Bornstein and Roberto

第II章

・フランチェスコ会とマグダラ

-AA. VV., *Giotto e i giotteschi in Assisi*, Canesi & C. Editorice, Roma, 1969.

-Bonaventura, *The Tree of Life, in The Soul's Journey into God. The Tree of Life. The Life of St. Francis*, trans. E. Cousins, New York, 1978.

-Jacopone da Todi, *Laude*, ed. Franco Mancini, Laterza, Bari, 1974.

-Jansen, Katherine L., "Mary Magdalen and the mendicants: The preaching of penance in the late Middle Ages", *Journal of Medieval History* 21 (1995), pp.1-25.

-Kenaan-Kedar, Nurith, "Emotion, Beauty and Franciscan Piety: A New Reading of the Magdalene Chapel in the Lower Church of Assisi", *Studi medievali* 26 (1985), pp. 699-710.

-Longhi, Roberto, *La pittura umbra della prima meta del Trecento*, Sansoni, Firenze, 1973.

-Martindale, Andrew, *Simone Martini*, Phaidon, Oxford, 1988.

-Previtali, Giovanni, *Giotto e la sua bottega*, Fratelli Fabbri, Milano, 1974.

-Russo, Daniel, "Entre Christ et Marie La Madeleine dans l'art italien des XIII-XV siècles", *Marie Madeleine dans la mystique, les arts et les lettres*, cit., pp.173-190.

-Toesca, Pietro, *Il Trecento*, Unione Tipografico, Ristampa, Torino, 1971.

-Vavala, Sandberg E., *La croce dipinta italiana e l'iconografia della passione*, Multigrafica, Roma, 1980.

-『フランシスコ会学派』中世思想原典集成12、上智大学中世思想研究所編訳・監修、平凡社、二〇〇一年

・ドミニコ会とマグダラ、ジロラモ・ダ・ピサなどの説教集

-Boskovits, Miklos, *Immagini da meditare: Ricerche su dipinti di tema religioso nei secoli XII-XV*, Vita e Pensiero, Milano, 1994.

-Delcorno, Carlo, *Giordano da Pisa e l'antica predicazione volgare*, Leo S. Olschki Editore, 1975.

-Gill, Katherine, "Women and Religious Literature in the Vernacular", *Creative Women in Medieval and Early Modern Italy. A Religious and Artistic Renaissance*, ed. E. Ann Matter and John Coakley, University of Pennsylvania Press, Philadelphia, 1994, pp.64-104.

-Mormando, Franco, "'Virtual Death' in the Middle Ages: The Apotheosis of Mary Magdalene in Popular Preaching", *Death and Dying in the*

参考文献

-『新約聖書注解―新共同訳I』川島貞雄他編、日本基督教団出版局、一九九一年
-フィオレンツァ、エリザベス・シュスラー編『聖典の探索へ　フェミニスト聖書注解』絹川久子・山口里子監修、日本キリスト教団出版局、二〇〇二年
-「トマスによる福音書」荒井献訳、『ナグ・ハマディ文書II　福音書』荒井献・大貫隆責任編集、岩波書店、一九九八年所収
-「フィリポによる福音書」大貫隆訳、同上
-「マリヤによる福音書」小林稔訳、同上

・プロヴァンスをはじめとする中世の伝承
-Saxer, Victor, *Le culte de Marie Madeleine en Occident des origines à la fin du moyen-âge*, 2 vols., Publications de la Sociétés des Fouilles Archéologiques et des Monuments Historiques de l'Yonne, Paris, 1959.
-Garth, Helen Meredith, *Saint Mary Magdalene in Medieval Literature*, The Johns Hopkins Press, Baltimore, 1950（ラバヌス・マウルスからの引用も含む）.
-ヤコブス・デ・ウォラギネ『黄金伝説』全4巻、前田敬作他訳、人文書院、一九七九～八七年（「マグダラの聖女マリア」は第2巻に所収）

・ペトラルカとマグダラ
-Duperray, Eve, "Le Carmen de *Beata Maria Magdalena*", *Marie Madeleine dans la mystique, les arts et les lettres*, cit., pp.273-288.
-Gibaldi, Joseph, "Petrarch and the Baroque Magdalene Tradition", *Hebrew University Studies in Literature* 3（1975）, pp.1-19.

・初期キリスト教および中世の美術
-Grabar, André, *Christian Iconography: A Study of its Origins*, Princeton University Press, Princeton, 1980.
-Schiller, Gertrud, *Iconography of Christian Art*, trans. Janet Seligman, 2 vols., Lund Humperies, 1971-72.
-Mâle, Émile, *L'art religieux de XIIe siècle*, Colin, Paris, 7e ed., 1966.
-マール、エミール『キリストの聖なる伴侶たち』田辺保訳、みすず書房、一九九一年
-辻佐保子『ローマ　サンタ・サビーナ教会木彫扉の研究』中央公論美術出版、二〇〇三年
-『西洋初期中世の美術』辻佐保子責任編集、小学館、一九九七年

参考文献

・マグダラのマリアに関するモノグラフ、論文集、展覧会カタログ

-Haskins, Susan, *Mary Magdalen: Myth and Metaphor*, Harper Collins, London, 1993.

-Ingenhoff-Danhauser, Monika, *Maria Magdalena: Heilige und Sunderin in der italienischen Renaissance. Studien zur Ikonographie der Heiligen von Leonardo bis Tizian*, E. Wasmuth, Tübingen, 1984.

-Jansen, Katherine Ludwig, *The Making of the Magdalen: Preaching and Popular Devotion in the Later Middle Ages*, Princeton University Press, Princeton, 1999.

-*La Maddalena tra sacro e profano*, a cura di Marilena Mosco, Mondadoli, Milano, 1986.

-Malvern, Marjorie, *Venus in Sackcloth: The Magdalen's Origins and Metamorphoses*, Southern Illinois University Press, Carbondale, 1975.

-*Marie Madeleine dans la mystique, les arts et les lettres* (Actes du Colloque International Avignon 20-21-22 juillet 1988), ed. Eve Duperray, Beauchesne, Paris, 1989.

-*Marie-Madeleine: Figure mythique dans la littérature et les arts*, ed. Alain Montandon, Presse Universitaires Blaise Pascal, Clermont-Ferrand, 1999.

-Noireau, Christiane, *Marie-Madeleine*, Edition du Regard, Paris, 1999.

第Ⅰ章

・福音書、外典、初期キリスト教時代の教父におけるマグダラのマリア

-Brock, Ann Graham, *Mary Magdalene, The First Apostle: The Struggle for Authority*, Harvard University Press, Cambridge, Mass., 2003.

-De Boer, Esther, *Mary Magdalene-Beyond the Myth*, SCM Press, London, 1997.

-*Pistis Sophia*, ed. Carl Schmidt, trans. Violet Macdermot, E. J. Brill, Leiden, 1978.

-荒井献『原始キリスト教とグノーシス主義』岩波書店、一九七一年

-同『新約聖書の女性観』岩波書店、一九八八年

-オリゲネス『雅歌注解・講話』キリスト教古典叢書10、小高毅訳、上智大学神学部編、P. ネメシェギ責任編集、創文社、一九八二年

岡田温司（おかだ・あつし）

1954年生まれ．京都大学大学院博士課程修了．京都大学大学院教授．
著書『ミメーシスを超えて』（勁草書房）
『カラヴァッジョ鑑』（人文書院，編著）
『モランディとその時代』（同，吉田秀和賞受賞）
『キリストの身体』（中公新書）
『アダムとイヴ』（同）
『天使とは何か』（同）
『芸術（アルス）と生政治（ビオス）』（平凡社）
『アガンベン読解』（同）
『フロイトのイタリア』（同，読売文学賞）
『グランドツアー』（岩波新書）
『デスマスク』（同）
『黙示録』（同）
『映画とキリスト』（みすず書房）など
訳書『スタンツェ』（アガンベン著，ちくま学芸文庫）
『芸術論叢』（ロンギ著，監訳，同）
『開かれ』（アガンベン著，共訳，平凡社ライブラリー）
『肖像の眼差し』（ナンシー著，共訳，人文書院）
など

マグダラのマリア
中公新書 *1781*

2005年1月25日初版
2018年5月25日14版

著　者　岡田温司
発行者　大橋善光

本文印刷　暁印刷
カバー・口絵印刷　大熊整美堂
製　本　小泉製本

発行所　中央公論新社
〒100-8152
東京都千代田区大手町1-7-1
電話　販売 03-5299-1730
　　　編集 03-5299-1830
URL http://www.chuko.co.jp/

Published by CHUOKORON-SHINSHA, INC.
Printed in Japan　ISBN4-12-101781-1 C1271

中公新書刊行のことば

いまからちょうど五世紀まえ、グーテンベルクが近代印刷術を発明したとき、書物の大量生産は潜在的可能性を獲得し、いまからちょうど一世紀まえ、世界のおもな文明国で義務教育制度が採用されたとき、書物の大量需要の潜在性が形成された。この二つの潜在性がはげしく現実化したのが現代である。

いまや、書物によって視野を拡大し、変りゆく世界に豊かに対応しようとする強い要求を私たちは抑えることができない。この要求にこたえる義務を、今日の書物は背負っている。だが、その義務は、たんに専門的知識の通俗化をはかることによって果たされるものでもなく、通俗的好奇心にうったえて、いたずらに発行部数の巨大さを誇ることによって果たされるものでもない。現代を真摯に生きようとする読者に、真に知るに価いする知識だけを選びだして提供すること、これが中公新書の最大の目標である。

私たちは、知識として錯覚しているものによってしばしば動かされ、裏切られる。私たちは、作為によってあたえられた知識のうえに生きることがあまりに多く、ゆるぎない事実を通して思索することがあまりにすくない。中公新書が、その一貫した特色として自らに課すものは、この事実のみの持つ無条件の説得力を発揮させることである。現代にあらたな意味を投げかけるべく待機している過去の歴史的事実もまた、中公新書によって数多く発掘されるであろう。

中公新書は、現代を自らの眼で見つめようとする、逞しい知的な読者の活力となることを欲している。

一九六二年一一月

中公新書

宗教・倫理

b1

- 2293 教養としての宗教入門 中村圭志
- 2459 聖書、コーラン、仏典 中村圭志
- 2158 神道とは何か 伊藤 聡
- 1130 仏教とは何か 山折哲雄
- 2135 仏教、本当の教え 植木雅俊
- 2416 浄土真宗とは何か 小山聡子
- 2365 禅の教室 藤田一照 伊藤比呂美
- 134 地獄の思想 梅原 猛
- 1661 こころの作法 山折哲雄
- 989 儒教とは何か（増補版） 加地伸行
- 1707 ヒンドゥー教―インドの聖と俗 森本達雄
- 2261 旧約聖書の謎 長谷川修一
- 2423 プロテスタンティズム 深井智朗
- 2076 アメリカと宗教 堀内一史
- 2360 キリスト教と戦争 石川明人
- 2173 韓国とキリスト教 浅見雅一 安 廷苑
- 2453 イスラームの歴史 K・アームストロング 小林朋則訳
- 2306 聖地巡礼 岡本亮輔
- 48 山 伏 和歌森太郎
- 2310 山岳信仰 鈴木正崇
- 2334 弔いの文化史 川村邦光

心理・精神医学

c1

- 2125 心理学とは何なのか　永田良昭
- 481 無意識の構造（改版）　河合隼雄
- 557 対象喪失　小此木啓吾
- 2061 認知症　池田学
- 1749 精神科医になる　熊木徹夫
- 515 少年期の心　山中康裕
- 2432 ストレスのはなし　福間詳
- 1324 サブリミナル・マインド　下條信輔
- 2460 脳の意識 機械の意識　渡辺正峰
- 2202 言語の社会心理学　岡本真一郎
- 1859 事故と心理　吉田信彌
- 666 犯罪心理学入門　福島章
- 565 死刑囚の記録　加賀乙彦
- 1169 色彩心理学入門　大山正
- 318 知的好奇心　波多野誼余夫・稲垣佳世子
- 599 無気力の心理学　波多野誼余夫・稲垣佳世子
- 907 人はいかに学ぶか　稲垣佳世子・波多野誼余夫
- 2238 人はなぜ集団になると怠けるのか　釘原直樹
- 1345 考えることの科学　市川伸一
- 757 問題解決の心理学　安西祐一郎
- 2386 悪意の心理学　岡本真一郎

中公新書

芸術